ビジネススクールで教えている

ファミリービジネス経営論

Leading Family Business

Best Practices for Long-Term Stewardship

ジャスティン・B・クレイグ、
ケン・ムーア 著
Jutin B. Craig, PhD / Ken Moores, PhD

星野佳路 解説　東方雅美 訳

プレジデント社

Leading a Family Business

Best Practices for Long-Term Stewardship

by Justin B. Craig, PhD, and Ken Moores, PhD

Translated from English Language edition of LEADING A FAMILY BUSINESS:
Best Practices for Long-Term Stewardship by Justin B Craig, PhD, and Ken Moores, PhD,
originally published by Praeger, an imprint of ABC-CLIO, LLC, Santa Barbara, CA, USA.

日本語版　解説

星野佳路

数年前に本書の共著者であるジャスティン・クレイグ教授が来日された際、ファミリービジネスに関する特別授業をされました。縁あってわたしも参加させていただきましたが、そのとき実感したのは、ファミリービジネスの経営者が悩んでいることの多くは、すでに体系化された理論やモデルを使うことによって効率的に解決できるということです。

わたし自身、一九一四年に創業したファミリー企業の四代目ですが、かねてよりファミリービジネスには固有の経営理論が必要であると考えていました。なぜならそれが「埋もれた資源」の活用に直結するからです。

ファミリービジネスというと一般的にイメージするのが町工場や飲食店、商店、旅館、酒蔵などですが、病院、学校、税理士事務所などもファミリー企業が意外に多い。そして、農業や漁業も家業という形態が主流です。

実際、日本で法人登録している企業の9割以上はファミリー企業です。日本の経済産業において中心的役割を果たしているにもかかわらず、そのマネジメントは体系化されているとは言いがたく、それぞれが手探りでやっているようなところがあります。まだまだやるべきこと、できることが多く残っている。つまり、体系化した理論で学ぶことによる伸びしろは大きいわけです。

今後日本は人口減少によって経済成長が鈍化していくことが予想されているなかで、この伸びしろは未開発の貴重な資源といってもいいでしょう。しかもファミリー企業の多くは地方に存在していますから、その経営者や後継者がプロフェッショナルな経営を身に付けることは地方経済の中長期的な活性化にもつながるはずです。また、こうした理論をファミリー企業の家族がともに勉強できる場があれば、後継者不足による廃業や、いわゆる「お家騒動」による経営危機を未然に防げる可能性が高まると思います。

クレイグ教授はオーストラリアでホテルを経営するファミリー企業の一員として育ち、家業を経験したのちに研究者に転じたという異色の経歴の持ち主です。本書がファミリービジネスの経営者の目から語るという独特のスタイルで書かれているのも、彼自身の体験を含め、最新の研究成果を「最も必要とする人たち」に確実に届けたいという思いからでしょう。

ファミリー企業にとっての最重要事項は家業の「継続」です。本書でもファミリー企業が直面する三つの重要な問題を「一に後継者、二に後継者、三に後継者」という言葉で表しています。

世代交代をどうやって計画実行するかという知識はきわめて重要です。非ファミリー企業の場合は一定の評価制度のもとで競争原理が働き、比較的短期間で経営者が交代していきますが、ファミリー企業ではそうしたメカニズムは働きません。ファミリービジネスの先行研究では、承継計画、準備期間の存在が承継後の企業パフォーマンスに対して好影響を与えるということがわかっていますが、ほとんどのファミリー企業では、承継計画をつくって次世代に権限委譲するといったプロセスは存在せず、また、必要であるという認識もないのが実状です。

ファミリー企業の経営者の多くは、非ファミリー企業の経営者と同様に「企業を成長させること」が最も重要な役割だと思っていますが、実はそれと同様かそれ以上に重要なのが自分の仕事を「手放す」ことです。それを見事にやってこそファミリービジネスの経営者としての仕事が完成するのです。

本書の第6章では、ファミリー企業経営者の成長過程を説明していますが、その最終段階を「手放すことを学ぶ」としています。そのうえで、ファミリー企業の退任スタイルを次の四つに分類しています。

①帝王型　生涯にわたって経営者であることを望んでいる
②将軍型　退任するものの、いつかカムバックすることを企んでいる
③大使型　職務の大半は次世代に委譲し、「外交的な」役割に徹する
④ガバナー型　任期が決まっており、決められた退任日がある

こうして見ると、あの会社の経営者はこのタイプだとか、自分の会社はこうなっている、といったことがわかってきます。本書はこうしたモデルやフレームをいくつも提供しており、自社の状況をそこに当てはめて考えることができるようになっています。言うまでもなく、承継の成功度が高いのは③大使型か④ガバナー型ですが、この退任スタイルを実現するためには、CEOが元CEOになったときの役割を含めた引退計画をあらかじめ決めておくことが必要です。

経営職を継ぐだけがファミリーの役割ではありません。ファミリー企業でも規模が大きくなってくれば、経営はプロに任せていく部分が増えてきます。そうなった場合のファミリーの役割とは何か。これまではそうした本質的な問題にも手探りで考えていくしかありませんでした。実際、ファミリー企業どうしで経験や知識を共有することはまずありません。そうしたある種の

秘密主義も、同族経営に「骨肉の争い」は不可避であるかのような印象を生んでいるのだと思います。

こうした「骨肉の争い」になると、当事者は往々にして「わが家・わが社に特有の問題」と思いがちですが、実はファミリービジネスにおいてはむしろ「ありふれた問題」であり、理論やノウハウである程度解決できるのです。

ただ、だれしも自分や家族の問題について客観的に見ることは難しい。そうしたとき、「ケーススタディ」で学ぶといったアプローチが役に立ちます。本書には、規模や業界の異なる数々のファミリー企業のケーススタディが掲載されており、そのいくつかに目を通すだけでも、いま自分が直面している問題はファミリー企業に共通するものであることがわかるでしょう。さまざまなケースから導き出された理論的フレームワークは、問題を解決するというよりもむしろ問題を予防するのに役立つと思います。

わたし自身もファミリービジネスのマネジメント理論の構築に少しでも寄与したいと思い、日本中のさまざまなファミリー企業を訪ねて対話を重ねてきていますが、他社の事例を知れば知るほど、答えがないと思い込んでいた問題に実は答えがあるのだ、ということを確信するようになりました。

この本の原書には「長期的スチュワードシップのためのベストプラクティス」という副題がついています。「スチュワードシップ」というのもまたファミリー企業に特有の概念です。詳しくは本書の第5章、第7章をお読みいただきたいのですが、なかなか日本語で説明するのが難しい言葉でもありますので、少し補足的に説明したいと思います。

わたしなりの言葉で表現すると、スチュワードシップとは「自らを駅伝の選手のような者として捉える感覚」にあたります。

ふつうの会社の場合、株主はリターンを最重視するので、役員に対して利益を高めることを求め、それによって役員の報酬も決まります。ファミリービジネスの場合は短期的な利益の上昇よりも長期的なサステナビリティが重視されます。駅伝において「区間賞をとること」よりも「たすきをつなぐこと」のほうがより高次の目標であることと同じです。もちろん区間賞はとれるにこしたことはありませんが、体調不良や悪天候のなかで記録にこだわりすぎるとブレーキや棄権のリスクも大きくなります。そこで迷わずたすきをつなぐことに集中できる――これがスチュワードシップの精神だと思います。

ある企業にとって成長できるときは今ではなく次世代かもしれない。その場合、無理をしてでも利益を出すことではなく、いちばんいい状態で次につなげることのほうが長期的に見ればずっと意味のあることです。スチュワードシップのある人は、「たすきをつなぐ」というファミリー企業としての目的が自身の目的と一体化しているために、自分の区間でどういう役割を果たせばよいのかをはっきりと自覚しています。区間が決まっているからこそ、その役割をよりよく果たせるという面もあります。区間賞をとるほど調子がいいからといって次の区間も走ることは許されない。だからこそ「つなぐ」ことに集中できるのです。

本書では、ファミリービジネスにおける起業家精神についても述べられています。ファミリー企業の後継者は「伝統か、変化か」というジレンマを常に抱えていますが、このジレンマを乗り越えるには「伝統も、変化も」という捉えなおしが必要です。そこで欠かせないのが起業家精神です。

家業を可能な限り最高の状態でつなぐことがファミリー企業経営者の使命ですが、創業者から代が下っていくにつれて「ただつなぐだけ」になってしまいがちです。事業と同様に起業家精神もつないでいくことが求められるのです。

ここからはわたしの持論ですが、ファミリー企業における起業家精神を醸成するには、制度的な後押しも必要だと思います。ただ受け継ぐだけでなく受け継いだものを活用して地域活性化に貢献させるための制度的な仕組みです。

その一例として挙げられるのが、相続税の猶予です。ファミリー企業を継承し、事業を成長させた人に対しては自社株に対する相続税納付を繰り延べできるなどの優遇措置があれば、新しい挑戦へのインセンティブになるでしょう。事業を継いだ人がさらにそれを成長させれば、結果的に雇用を増やし納税額を増やすことにもなる。もちろん、事業を成長させられない場合はこれまでどおりに税金を徴収すればいいのです。

わたしはよくファミリービジネスの承継は「リスクの軽減された起業」という言い方をします。ベンチャー企業が躓く最大の要因は創業直後の短期的資金繰りに行き詰まることですが、すでにキャッシュが回っているファミリー企業はその点有利です。一方で、ベンチャー企業にはないリスクもあります。ファミリー企業の後継者は銀行に個人保証を入れながら権限はなく、株式譲渡に伴う相続税にも備える必要があります。キャリアパスが見えないだけでなく、経済的な負担も覚悟しなくてはなりません。

ファミリービジネスの理論を親子で学べる環境を整えるとともに、家業を引き継いで伸ばした人が報われる仕組みがあれば、日本経済の「埋もれた資源」であるファミリー企業を地域活性化や経済の底上げに活かす道が開かれることでしょう。

はじめに

この本はビジネスを学ぶための物語である。したがって、他のビジネス書とはかなり異なっている。教科書ではなく、伝記でもない。もちろん、手軽な解決策が書かれたハウツー本でもなく、チェックリストなどのツールも付いていない。この本は、ファミリービジネスをどう展開していくかについて、またファミリービジネスが他のビジネスとどう違うかについて、読者の考えを深めることを目指したものである。

この本でお伝えする内容は、著者であるわたしたちや他の研究者が行った綿密な研究に基づいている。研究論文を書くということは物語を伝える仕事にも似ている。しかし、多くの研究論文が抱える問題は、それを読む必要がある人には本当に伝えたいことが伝わらず、それを読む必要がない人にだけ伝わるということだ。こうした状況からわたしたちは、重要な研究を最も必要とする人たちに間違いなく届けるために、最新のファミリービジネス研究を物語の形にして伝えることにした。

この本の物語の主人公はスチュワート・マクダフ。あるファミリー企業の三代目社長である。マクダフは自らの経験を基に学び続け、ファミリー（家族）とビジネス（事業）の両方を率いる能力を身に付けていった。本書では、彼がその経験を語り、理論や実践から生まれたフレームワークも紹介していく。

マクダフという主人公と彼の物語を創作するうえでは、数多くの研究者の協力を得た。わたしたち自身の学びの過程で参考にした多くの研究について、その一部を参考文献として巻末で紹介している。

これまでも、そしていまも世界中の本当に多くのファミリービジネスに携わる人びとが、その経験をわたしたちに語ってくれている。そのおかげで、わたしたち研究者は研究という物語を紡ぐことができる。彼らが語ってくれる経験談こそが、わたしたちがファミリービジネスという世界を理解し、知識を深めていくための唯一の源といえるだろう。

最後に、この物語のプロジェクトに協力してくれた方々に心から感謝する。これほどの熱意を持ったチームはほかにはないだろう。

ジャスティン・B・クレイグ
ケン・ムーア

目次

解説　星野佳路　1

はじめに　9

第Ⅰ部　PART I　組織としてのファミリービジネス　15

第1章　マクダフ家の紹介　16

第2章　ファミリービジネスのアーキテクチャー　32

第3章　ファミリービジネスのガバナンス　60

第4章　ファミリービジネスと起業家精神　89
第5章　スチュワードシップとは　111
第II部　PART II　ファミリービジネスを率いるためのリーダーシップ　139
第6章　リーダーとしての役割　140
第7章　スチュワード〈受託責任者〉としての仕事　164
第8章　アーキテクト〈設計者〉としての仕事　187

第9章　ガバナー〈統治者〉としての仕事　205
第10章　アントレプレナー〈起業家〉としての仕事　238
第11章　自覚し、学び続ける　258
補遺　最後のケーススタディ　266
参考文献　309

Frameworks

1-1 スリー・サークル・フレームワーク 25
1-2 AGESフレームワーク 28
1-3 SAGEフレームワーク 30
2-1 アーキテクチャー＝戦略を実現する構造と体系 34
2-2 ファミリービジネス向けに修正したバランスト・スコアカード 42
2-3 事業とファミリーに適用したバランスト・スコアカード 44
3-1 取締役会の発展 67
3-2 ガバナンスのプロセス 77
3-3 ファミリー幹部と企業幹部 81
4-1 イノベーターのトリレンマ・モデル 95
4-2 両極マップ 100
5-1 エージェンシーの概念 120
5-2 スチュワードシップの再定義 124
6-1 4Lフレームワーク 141
7-1 奉仕とリーダーシップ 170
7-2 マズローのピラミッドとエイコフの理想 175
7-3 内発的か、外発的か 175
8-1 空間、光、形 189
9-1 4つのR 207
9-2 ファミリーのイノベーション 233
10-1 3で考える 242
10-2 シュンペーターとコース 252
11-1 概念を統合する 260
11-2 典型的なトリレンマ 263

第Ⅰ部

組織としてのファミリービジネス

PART I

第1章

マクダフ家の紹介

すべてのものごとを、地に足の着いた行動と、理論的な思考でサンドイッチにする。これは有能なマネジャーがみな行っていることだ。思考の伴わない行動は無分別であり、行動の伴わない思考は消極性である。マネジャーは誰もが、この二つのマインドセットを組み合わせる方法を見つけなければならない。深い思考と現実的な行動が出合う場所で、マネジャーはその役割を果たすのである。

――ジョナサン・ゴスリン、ヘンリー・ミンツバーグ（二〇〇三年）

わたしの名前はスチュワート・マクダフ。ファミリー企業――家族や一族などのファミリーが経営する企業――の社長です。この仕事においては、時に孤独と向き合わなくてはなりません。

この本では、わたしがぜひ紹介したいと思っている、さまざまな考え方や知見を取り上げます。というのも、わたしの経験から言うと、ファミリー企業の運営には手引きになるものがほとんどないからです。わたし自身もそうですが、何世代も続くファミリー企業の社長は、いわば組み立て家具の扱いに悪戦苦闘しているようなものです。つまり、店頭でいくら素晴らしく見えても、自分の手ですべての部品を組み合わせてそれを仕上げるのは、まったく別の話だということです。使えるものといえば六角レンチだけで、説明書はほとんど役に立ちません。

わたしのオフィスや家の本棚には、有名な学者が書いたリーダーシップの本がたくさん並んでいます。壁にはさまざまな学位証明書や、技能証明書の類が飾られていて、いかにも自分は知恵も経験も備えた人間だと言っているかのようです。しかし、実際には来る日も来る日も問題にぶちあたっています。それも「いくつもの」問題にぶちあたっているのです。

わたしが社長になって一〇年がたちました。本書ではこれまでわたしが直面してきた問題について考えたことを取り上げます。これから先の世代のために、そこから知恵を引き出せるようにするためです。

わたしはかつて別の会社で順調に仕事をしていましたが、二代目である父の命でこの会社に戻ってきました。そして、二代目から直接、この会社が他社とどう違うかを学びました。時間をかけて修業をしたのち、わたしはこの会社の社長となりました。

簡単に言うと、ファミリー企業を率いるのは、地球上で最も喜びがあり、同時に最も困難な仕事です。自由市場経済においては、ファミリー企業は数のうえで圧倒的多数を占めており、その社長も世界中に大勢います。しかし、ファミリー企業のリーダーの喜びや困難は、多様な株主がいる企業の喜びや困難とは根本的に異なるものです。

ファミリー企業の特徴は、非ファミリー企業にはない独自の戦略を追求することです。この本を書こうと思った動機も一つにはそこにあります。ファミリービジネスの世界で本当に役に立つのは、一般的な経営ハウツー本やリーダーシップの本ではないということです。そうではなく、ファミリー企業の日常を反映し、それと同時にしっかりとした根拠のあるフレームワークに基づくものでなくてはならないのです。

ファミリー企業の日常とは、「白か黒か」の判断ではなく、「白も黒も」が求められる世界です。ビジネスとファミリーの両方をうまく操らなければならないからです。そう、これはある意味でパラドックスです。パラドックスは「解決する」ものではなく「コントロールする」ものです。したがって、この本を読むことはパラドックスについて学ぶことだと考えてください。

本書で紹介するフレームワークは、わたしがホワイトボード上で考えて、検証したものです。重要なのは、それらが理解しやすく「消化しやすい」もので、「紙ナプキンやコースターに描いて説明できる」ものであることです。この点は非常に重要です。

わたしの経験によると、自分の「リーダーシップ哲学」（そう呼ぶことにしましょう）を話すのは、往々にして一般的な教育の場ではなく、紙ナプキンやコースターが手近にあるような場面です。たとえば、ファミリーの結婚式で、ファミリー企業で働いていないいとこと席が隣り合ったとき、あるいは、親戚が集まった誰かの誕生日祝いで、姪っ子が突然ビジネスの仕組みに興味を持ったとき、そして、終業後にファミリーでない幹部と飲みに行って、一族が経営にどうかかわっているかを聞かれたときなどです。

したがって、フレームワークはどこでも説明できるものでなければなりません。

フレームワークはファミリー企業に起こりがちな問題についての認識を高め、同時に、ファミリー企業のトップが直面するガバナンスやリーダーシップ、マネジメント、ファイナンス、人間関係などの手に負えない問題に取り組む際に、希望を与えてくれます。その世界に特有の言語をマスターすると、シンプルな言葉でよい対話を行うことができ、それによって相手と共通の理解も得られます。また、集団で問題の解決を行うこともできるようになります。

この本は、ファミリー企業でリーダーのポジションにある人、あるいは今後そうしたポジションに就く人のためのロードマップとなるものですが、それだけではありません。ファミリービジネスの世界にかかわる誰もが、その微妙なニュアンスを理解するための本でもあります。ファミリー企業の運営がなぜ非常に独特なのかを理解することは、コンサルタントや金融機関の人、顧客、サプライヤー、そして、ファミリーのメンバーで事業にはかかわっていないがオーナーである人、今後オーナーになる人にとって役に立つでしょう。

社長になるまでの修業のなかでわたしが学んだことの一つは、置かれている状況を理解することが大切だということです。この点については、本書を読み進めていく際に、ぜひ覚えていていただきたいと思います。つまり、すべてのファミリー企業には、共通する点もあれば、それぞれに異なる点もあるということです。別の言い方をすると、あるファミリー企業で言えることは、その企業でしか言えないということです。しかし同時に、共通のフレームワークで考えれば、その内情をより深く理解し、解釈できるようになります。

あなたの置かれた状況はあなたならではの状況です。しかし、そのなかでファミリーと事業は常に変化しています。そこに会社のオーナーも加わると、変化は恒常的なものとなります。それをあなたはマネジメントしなければなりません。

また、あとで触れますが、ファミリー企業が直面するのは、事業とファミリーとの間で選択を迫られるといった「ジレンマ」ではなく、三つの状況のなかで揺れ動く「トリレンマ」なのです。たとえば、過去と現在と未来に同時に対処する、ファミリーとオーナーと経営執行者を満足させる、といった状況です。したがって、三つの観点からものごとを考えることに慣れる必要があります。

これは簡単なことではありません。今日まで、ファミリービジネスの運営について解明しようと、研究に飛び込んだ人がほとんどいないのも無理もないことです。

わたしが語るとりとめのない（しかし証拠に基づいた）話が、あなたにとって必要な灯りとなり、ファミリー企業のリーダーという、複雑で喜びの大きな役割の支えとなることを願っています。本書で紹介するフレームワークは、わたしの世界の複雑さを減らす手立てとなりました。その結果、ビジネスファミリーのリーダーとしての役割が、非常に喜びの大きなものとなり、孤独感も和らいだのです。

マクダフ家のこれまで

ファミリー企業の状況は、会社によって異なります。他社からよりよく学ぶには、その会社ならではの世界をきちんと理解する必要があります。そうすることで、その会社の視点を理解できるのです。そこで、読者のみなさんがわたしの視点を理解できるよう、まずはわたしの状況を簡単にお話ししましょう。

マクダフ家の事業は三世代続いています。できれば、いつかは四世代続く事業になってほしいと思っています。わたしの祖父は第二次世界大戦が終わると事業を立ち上げ、その頃のビジネス界を取り巻いていた明るい気運に乗ることができました。祖父は典型的な創業者で、それほど計画を重視する人ではありませんでした。彼にとっての成功とは、妻と家族を養うこと。食べ物と衣服が買えて、子どもたちに教育を受けさせられる収入を得ることが、祖父にとっての成功の指標でした。

子どもは三人で、男の子が二人と女の子が一人。わたしの父は長男で、高校を卒業すると祖父の事業に加わりました。二年後に次男も加わりましたが、わたしの叔母にあたる長女は一度も事業にかかわりませんでした。ただ、彼女の夫は一時期参加していました。残念なことに、祖父は事業の本格的な成功を見ることはなく、五二歳で突然亡くなりました。そのため、わたしの父は二八歳で事業の責任を負うことになったのです。

父のリーダーシップの下、事業は大きく成長しましたが、成長する企業ならどこでも味わうような痛みも経験しました。父に関するわたしの最初の記憶は、給与の支払いができないかもしれない、あるいは、いちばん親切な銀行員でさえ大きなプレッシャーをかけてくる、などと母に話していたことです。

わたしが父についてもう一つ思い出すのは、自分の弟と妹を対等なパートナーとして扱う難しさについて語っていたことです。経営に関して正式な教育を受けず、メンターとなるはずの祖父も亡くなったことから、父は皆のために何が最善かを考えて意思決定をし、ステークホルダーを公平に扱うことで成功してきました。父は伝統的なスタイルのリーダーで、人間関係や正直であること、誠実さ、そして職業倫理をとても大切にしていました。そうしたやり方は父にとって、また父の世代の人々にとって効果的でしたし、今日のわたしたちの事業を導く価値観や哲学になっています。

どういうわけか、わたしの家ではすべて三という単位でものごとが起こります。わたしにはきょうだいが二人いて、わたしも含めて三人きょうだいです。父の弟と妹にも、子どもが三人ずついます。父が悩んでいたきょうだい間のパートナーシップは、一組三人ずつの三組からなる「いとこ連合」に発展しました。合計で、それぞれの配偶者を除いて九人です。わたしは三世代目の最年長者として、このファミリー全体に責任を持っています。ファミリー企業とそうでない企業との違いについて探求し、いまそれについて書き記そうとしているのは、このファミリー体系の動きがどんどん複雑になっているからです。

ファミリー企業とは何か

ファミリー企業はどこにでも存在していますが、何がファミリー企業の要件であるかについて、現時点ではコンセンサスはありません。この問題に関してはさまざまな議論がありますが、わたしは特にこの点を掘り下げようとは思っていません。便宜上定義する必要があるときは、ＥＵ（欧州連合）の定義を使っています。

ＥＵによると、ファミリー企業は以下の要件を満たす企業です。

・直接的・間接的な議決権の過半数を、創業者、または株式資本を調達した人、あるいはその家族のメンバーが保有している
・会社の経営と管理に、少なくとも一人の家族または親族の代表がかかわっている

上場会社でも、株式資本の拠出によって得られる議決権の二五％を一族が保有していれば、ファミリー企業であると見なされます。

さらには、世代交代や、ファミリーの別のメンバーに会社を承継させるという意思も、ファミリー企業の定義として考慮されるでしょう。これらが加わると、ファミリー企業の定義は所有や経営、管理以外の部分にも広がり、広くファミリー企業の本質と見なされる部分、つまり「会社の所有権の意識的な継続」を含むようになります。この「継続」という概念こそが、わたしが自分のファミリーに根付かせているもので、これまでの意思決定を支えてもきました。

「スリー・サークル・フレームワーク」（Framework 1-1）は、ファミリー企業と非ファミリー企業との違いを表す方法として、世界的に受け入れられています。簡単に言うと、ファミリー企業は、ファミリー、経営執行者、オーナー（所有者／株主）という三つのサブシステム（下部

構造）が、重なり合い、作用し合い、依存し合っているシステムと考えられます。個々のサブシステムには、他のサブシステムとの境界線があり、それぞれ別個に運営されています。

このモデルは、リーダーとしてのさまざまな役割を理解するうえで、非常に役に立ちます。また、他の人たちがどの円に属するかを見ることで、その人たちの考え方を理解するのにも役に立ちます。たとえば、わたしは現在三つの円すべてで役割を担っています。一方で、わたしの叔母はオーナーであり、ファミリーでもありますが、この会社で働いたことがないので、

Framework 1-1
スリー・サークル・フレームワーク

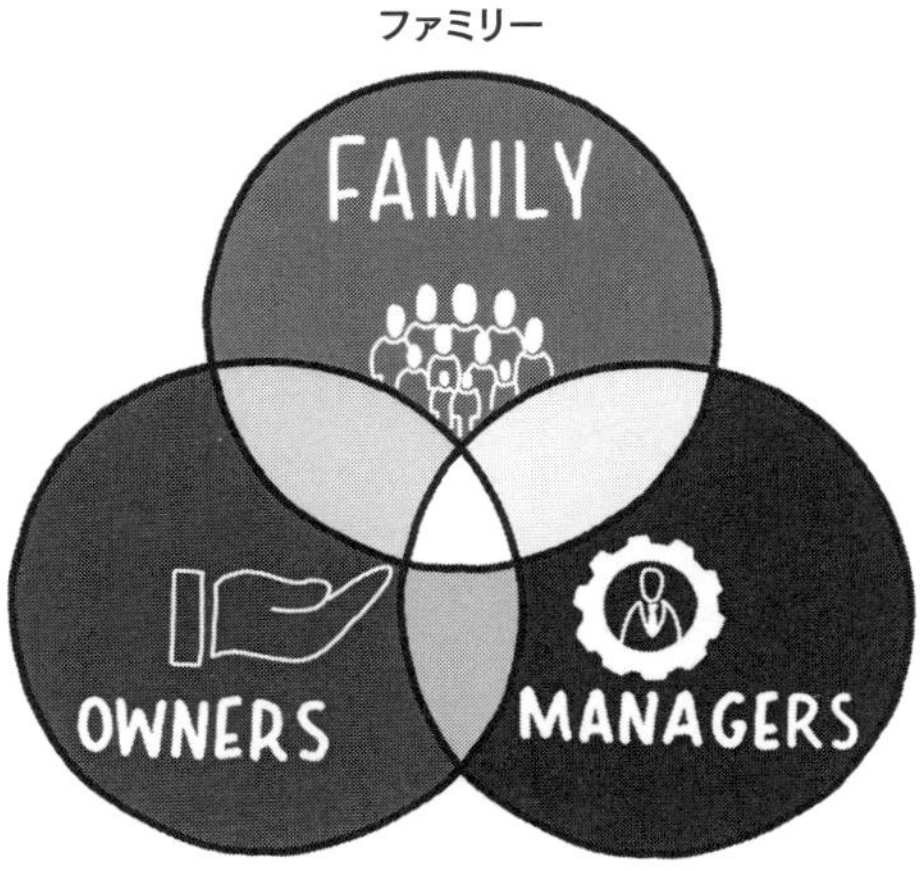

わたしとは異なる見方を持っています。いとこたちのうち何人かは、この会社で働いたことがなく、オーナーでもなく、ファミリーの円だけに属しています。会社で働いていてもオーナーではないいとこもいます。わたしはこのフレームワークを使うことで、ファミリー企業というシステムの中にいる人々の見方をよりよく理解できるようになり、それによってファミリー企業のリーダーが直面する問題をよりうまく説明できるようになりました。読者のみなさんにも、このスリー・サークル・フレームワークをよく理解していただきたいと思います。

本書では、ほとんどの章の最後に長期的な事業継続のための「三つの学び」を入れています。各章の「学び」は、スリー・サークルのうちのいずれかの円に関係するものです。また、わたしがファミリービジネスについて学ぶなかで有用だった書籍や論文も、巻末にまとめました。各章の「ケーススタディ」のページでは、その章の内容についての実例をストーリーで表しました。

本書を読み進めていく際には、スリー・サークルを常に思い浮かべてください。

本書について

この本は大きく二つの部分に分けて構成されています。

本書の前半部分は組織としてのファミリー企業について書かれていて、どこにファミリー企業と非ファミリー企業の違いが表れるかを明らかにしています。前半部分の説明は、ファミリー企業間でどこに違いが生じるかを理解するうえでも役立ちます。

四つの章のうち、アーキテクチャーとガバナンスについて説明した初めの二章では、ファミリー企業の特徴となる「仕組み」について述べています。それに続く二章では、ファミリー企業のリーダーが習得すべき重要な「プロセス」である、起業家精神（を発揮して行う活動）とスチュワードシップについて説明します。

ファミリー企業について長年にわたって熱心に研究した結果、ファミリービジネスという分野は非常に幅が広く、ややもすると混乱しがちだという結論に達しました。定義次第では、ほとんどの企業をファミリー企業と見なすこともできます。

ファミリービジネスについて効率的に考えるために、ここで「ＡＧＥＳフレームワーク」をご紹介しましょう。これは、ファミリー企業に独自の特徴が見られる分野、すなわち、アーキテクチャー（Architecture）、ガバナンス（Governance）、起業家的活動（Entrepreneurship）、スチュワードシップ（Stewardship）についてのフレームワークです。それぞれを簡単に説明しましょう（Framework 1-2 参照）。

1　アーキテクチャーは、企業戦略を実行するために設けられた構造と体系、さらにはそれら

Framework 1-2

AGESフレームワーク

（1）ファミリー企業と非ファミリー企業の違い
（2）ファミリー企業間での違いが表れるところ

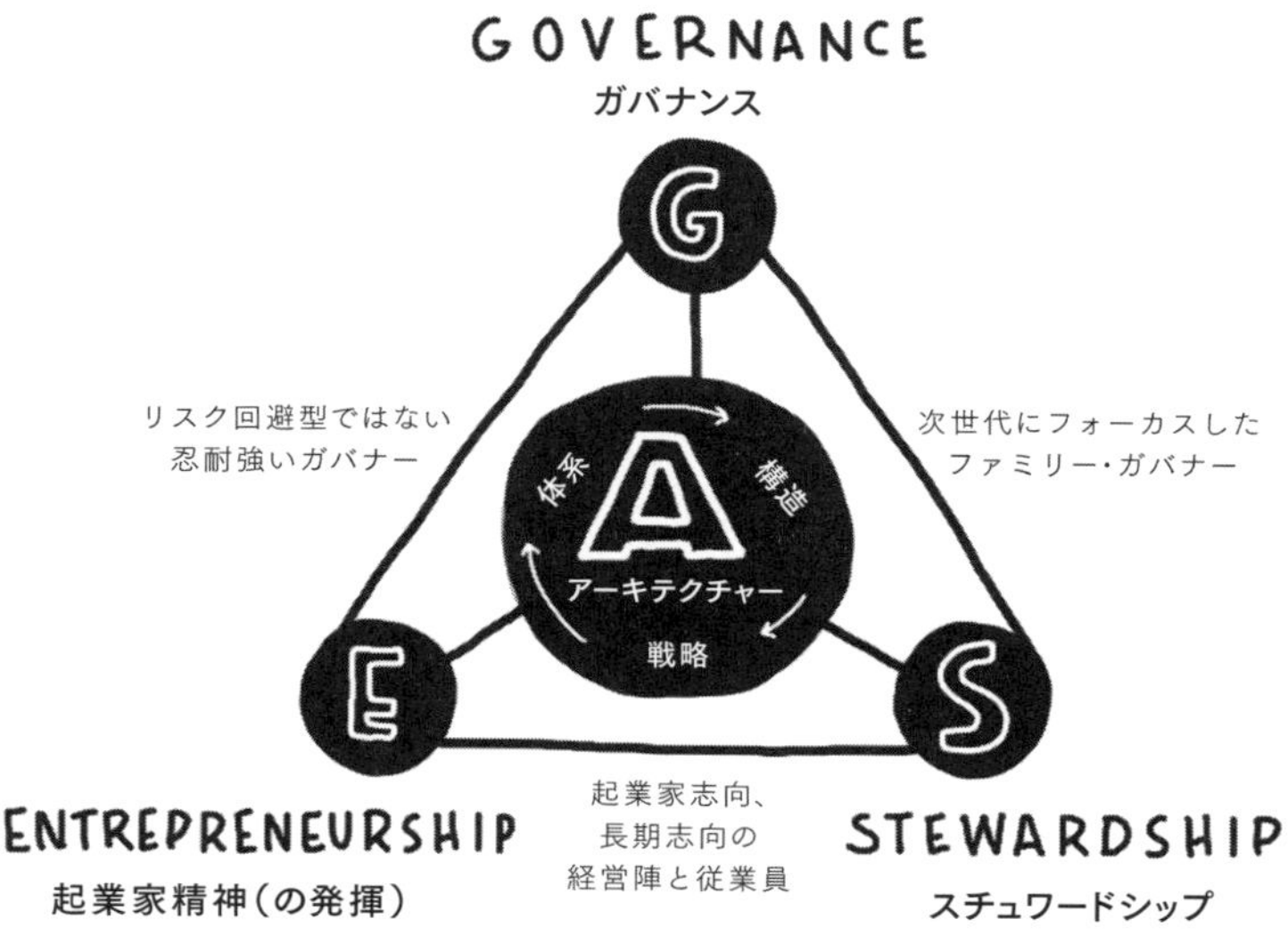

アーキテクチャーは、「どのようにして」行うか。
ガバナンスは、「誰」が「どうするか」を「いつ」決めるか。
起業家精神は、「何」を行うか。
スチュワードシップは、「なぜ」それを行うか。

の起源とそこから生じてくる結果です（つまり、「どのようにして」にあたる部分）

2　ガバナンスは、事業とファミリーのガバナンス構造とそのプロセスの一部を含みます（つまり、「誰」が「どちらにするか」を「いつ」決めるか）

3　起業家精神（の発揮）は、起業家的な戦略と起業家的なリーダーシップです（つまり、「何」にあたる部分）

4　スチュワードシップは、個人レベルと組織レベルのプロセスにおいて、ファミリー企業をまさに特徴づけるものです（つまり、「なぜ」にあたる部分）

本書の後半部分では、焦点を組織のレベルから個人のレベルに移します。後半部分もＡＧＥＳフレームワークから派生したものですが、後半ではそれを、ファミリービジネスのリーダーが同時に習得する必要がある、四つの役割として検討します。ここで紹介するのが「ＳＡＧＥフレームワーク」です。つまり、リーダーはスチュワード〈受託責任者〉、アーキテクト〈設計者〉、ガバナー〈統治者〉、そして起業家でなくてはなりません（Framework 1-3を参照）。

本書を通じて、他のリーダーの知見（いわば、ファミリービジネスの秘訣）も紹介します。これらは、わたしがまだリーダーとしての経験が浅いときに学んだものです。また、本書で紹介する概念が現実にはどう表れるかを示すために、さまざまな事例や、「ケーススタディ」も加え

Framework 1-3

SAGEフレームワーク

(1)ファミリー企業と非ファミリー企業のあいだで
　リーダーとしての役割の違いが表れるところ
(2)ファミリー企業間で役割の違いが表れるところ

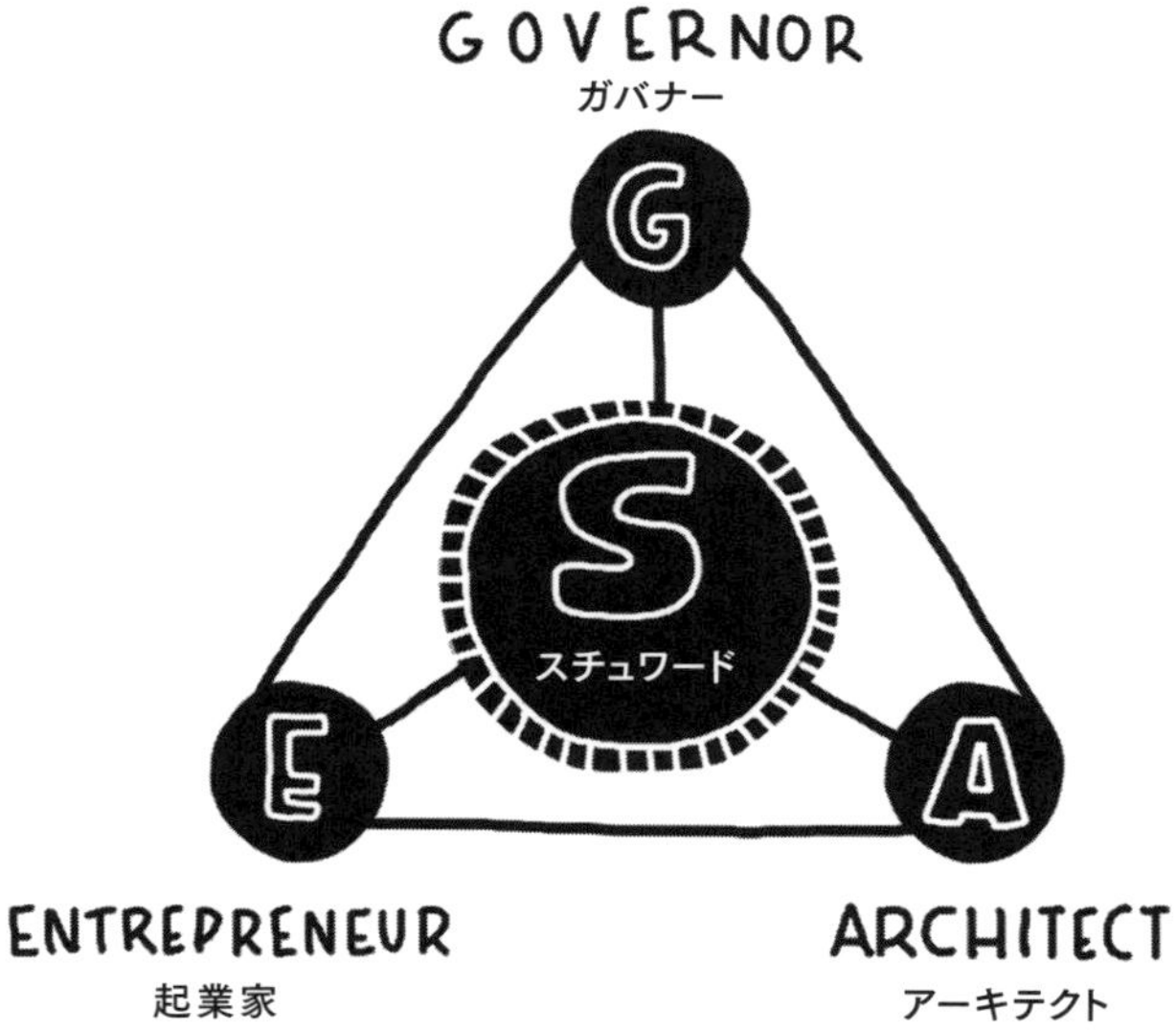

アーキテクトは、「どのようにして」行うかを設計する。
ガバナーは、「どうするか」「いつ」行うかを決める。
起業家は、「行うこと」が革新的であるようにする。
スチュワードは、「なぜ」それを行うかを浸透させる。

ました。さらには、わたしがファミリービジネスという複雑な世界を理解するのに役立った、多くの大学教授の知恵も拝借します。わたしたちリーダーは、この複雑な世界と日々折り合いを付けているのです。

また、わたしは本書全体で、「スキルセット」と「マインドセット」という概念を使っています。この二つの概念は、どんな状況で何をするにも活用できるものです。ファミリー企業のリーダーの任務という、本質的に複雑なことを捉えるうえでは、これらの概念はとても効果的で効率的です。

ファミリー企業のリーダーにとって重要なのは、ファミリーのメンバーがファミリーや事業に貢献する意思を持ち、貢献できるようになるということです。そして、そのためには、スキルセットとマインドセットが必要になります。事業が成長していけば、全員が自分のスキルで対処できない仕事まで行う必要はありません。しかし、事業に大きく貢献するためには、ファミリーの価値観や信念の中心となっているマインドセットを身に付ける必要があります。わたしがそのマインドセットを受け入れたとき、わたしは自分の役割と責任を明確に認識することができ、その結果、ファミリーと事業の両方でより優れたリーダーになることができました。

最後にもう一つ。あなたは一人ぼっちではありません。

第2章

ファミリービジネスのアーキテクチャー

価値観がすべての基盤となる。行動は変えてよいが、自らのあり方を変えてはいけない。この基盤があったからこそ、わたしたちは強力なナショナル・ブランドを築いてこられたのだ。

——ジム・イジアー
ブッシュ・ブラザーズ　第三世代リーダー

第２章は次の大切なポイントを示すことから始めたいと思います。それは「すべての企業は設計されている」ということです。

企業のリーダーは、「組織構造」と「経営管理体系」を組み合わせて企業を設計し、また何度も設計し直します。そうすることで、自社が置かれた複雑で変化し続ける世界をわたっていくのです。この構造と体系が組み合わさったものが企業の「アーキテクチャー（設計）」であり、ＡＧＥＳフレームワークのＡの部分となります。第２章では、このアーキテクチャーについて述べます。

アーキテクチャーの構造と体系は、戦略を実行するために整備されます（Framework 2-1 参照）。ゆえに、アーキテクチャーはＡＧＥＳフレームワークの中枢であり、同フレームワークの他の要素である、ガバナンス、起業家精神、スチュワードシップを支えるのです。

この章では最初に、アーキテクチャーの二つの構成要素である構造と体系について検討します。続いて「成長戦略」を取り上げ、それが企業の構造や体系と切り離せないことや、ファミリー企業の成長戦略はなぜ独特なのかについて考えます。

Framework 2-1
アーキテクチャー＝戦略を実現する構造と体系

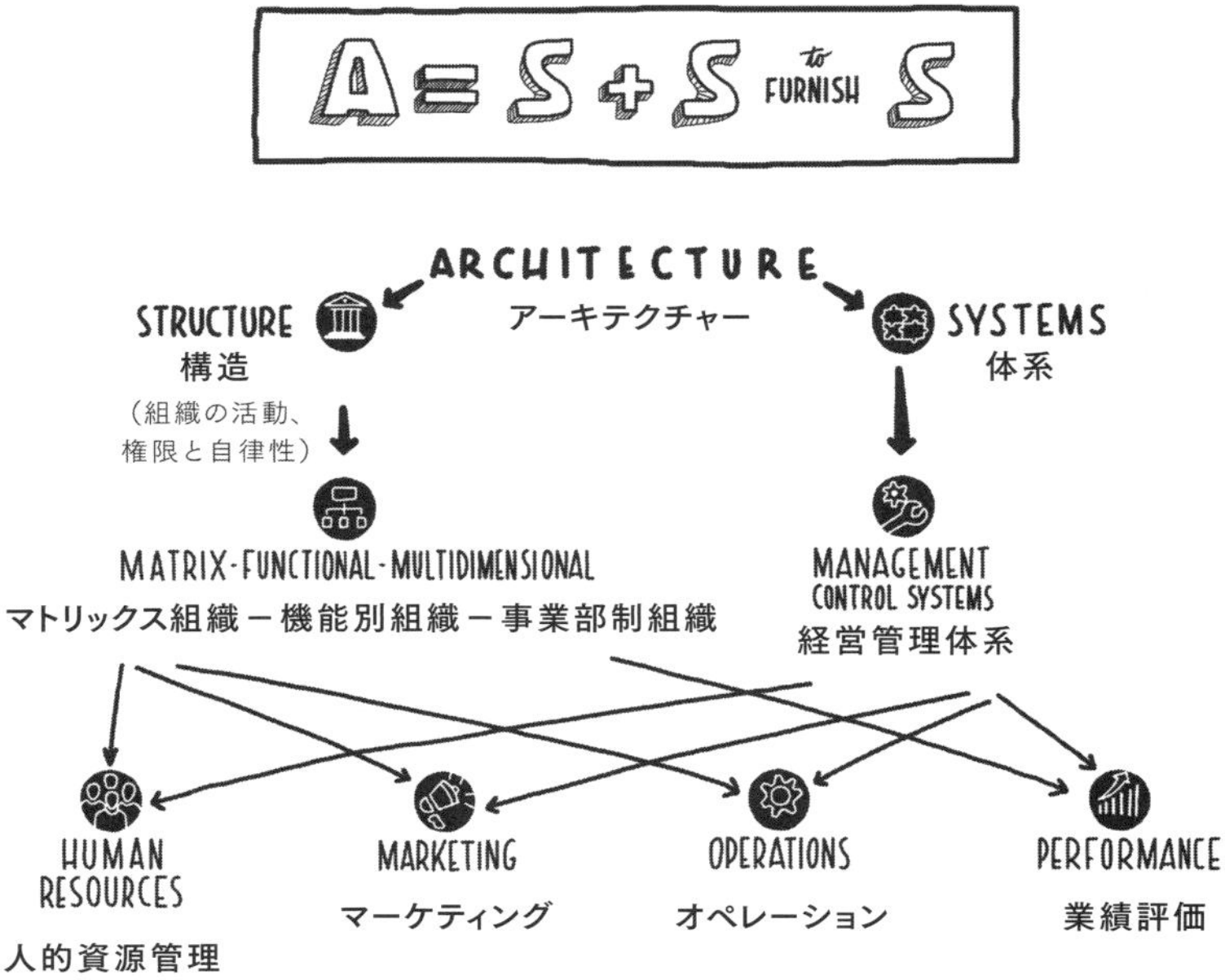

構造

構造は組織全体の枠組みとして、秩序を生み出し、業務遂行のプロセスを支えます。組織の構造によって、行うべき仕事と、それをどう行うかが規定されます。

組織構造の重要性を理解するためには、企業が新たな戦略を立ち上げたのに、それを実行するのに必要な構造をつくっていない場合、どんな悪影響が生じるかを考えてみるとよいでしょう。企業戦略を変えると、新たなニーズに対応するために、通常は組織構造を変える必要が出てきます。組織構造は、大きく分けて次の二点を規定します。

1　組織の活動
2　その活動を行うことを指示された個人やグループの権限と自律性

ファミリー企業はさまざまな組織構造を用いており、なかには斬新なものもあります。しかし、同様の歴史を持つファミリー企業を比べてみると、その展開には特定のパターンがあることがわかります。まず規模が拡大し、続いて地域が広がり、その後、垂直または水平方向に事業が拡大し、最後に事業や製品の多角化が起こるのです。新しい段階に移ると、それまでよりも組織を精巧にする必要が出てきます。企業の活動内容が広がっていくにつれ、個々人の権威や自律性も変えていかなくてはなりません。

試行錯誤を繰り返した結果、一定以上の規模になった企業の場合、組織構造には基本的に次の三つの形があります（一定以上の規模とは、とりあえず何にでも対応する少数の人たちだけで、やりくりできなくなる規模を指します）。

1　機能別組織
2　事業部制組織
3　マトリックス組織

ファミリー企業に多く見られる小規模から中規模の組織は、たいていが「機能別組織」を用いています。製造や経理、研究開発、人事などの機能によって分かれている組織です。

大企業は一般的に「事業部制組織」を用います。事業部制組織は複数の事業部門から成り、それぞれの部門が一つの会社のような形になっていて、日々の事業活動や部門ごとの戦略は部門長に任されています。部門長は自部門の管理職を監督します。

「マトリックス組織」ではチームが組まれ、そこに属する人々はそれぞれに二つの指揮系統に属します。通常は、ラインのマネジャー（直属の上司）とプロジェクトのマネジャーです。マトリックス組織は非常に柔軟性が高く、変化する状況に対応しやすい組織です。

こうした組織構造があることを知っておくと、成長のステージを上っていくときに組織を変えていく準備ができます。現実には、多くのファミリー企業のトップが会社全体を監督しきれなくなり、必要に迫られて事業部制やマトリックス組織を採用しています。

会社の組織構造の決定には、さまざまな点が影響します。会社の性質、規模、事業環境、ビジョンを実現するための戦略や活動などです。

事業を継続するためには、市場の変化に対応してすばやく意思決定ができる組織が必要になります。わたしが見てきたところによると、非ファミリー企業の複雑な組織構造と比較すると、ファミリー企業はよりフラットな構造を持つ傾向にあるようです。加えて、ファミリー企業の管理職は意思決定に関して、より大きな裁量権を持っている場合が多い。これによって、企業が俊敏にチャンスを活かせるようになり、それが最終的には会社の成長と持続性につながります。

俊敏さを増すために会社の組織構造をフラットにする方法はたくさんあります。あるとき、わたしが友人に「わが社では『オープンドア・ポリシー（従業員がいつでも管理職や経営層などと話ができるよう、オフィスのドアを開けておくこと）』をとっているんだよ」と話したところ、友人は「うちではドアもないんだ。ドアを閉めることはないから、ドアを設けても意味がないからね」と言いました。これがファミリー企業における「フラットさ」です。

指揮系統の長さを縮小し、管理職の権限を広げると、より多くのコミュニケーションが行われるようになります。個々の従業員の職務の範囲も広がって、その主体的な行動が業務の成果により大きく影響するようになります。しかし、権限と責任の定義がそのぶん曖昧になるので、混乱が起こるかもしれません。それを防ぐ方法の一つは、組織構造の中によりよい経営管理体系（詳しくは次項を参照）を導入することです。

ファミリー企業のさまざまな事業活動をサポートする組織構造が、非ファミリー企業と異なっており、また、認められる権限と自律性も異なっているならば、経営管理の体系も大きく異なっていると考えるのが合理的でしょう。非ファミリー企業では、高度に洗練された経営管理体系を取り入れています。一方で、わたしが見てきたファミリー企業のリーダーは、「クラン・コントロール（共通の価値観や信念、文化などを用いて従業員を動かし、目標の達成を図ること。〝クラン〟は、「一族、一家」などの意味）」を重視しています。わたしはこの概念が特に気に入っています。

体系

体系とは、たとえば戦略を実現する組織内の手順です。また、戦略計画の立て方や、あるいは新たなシステムを導入し、独自の方法で稼働させるやり方などです。

経営管理体系のなかで、戦略計画はおそらくは最も重要なものです。しっかりとした戦略計画と実行計画を作成すれば、企業は利益と継続性を実現できるのです。そして、いま自分たちがどこにいて、どこを目指していて、どうやってその地点にたどり着くのかを見定めることができます。きわめてシンプルなことです。しかし、それを複雑にしてしまう困った傾向もあります。

その責任の一端は、一部のファミリー企業のリーダーにあります。自分たちこそが知識の源泉であり、よって自分たちだけが方向性を決められると考えて、戦略計画の策定を避けようとするのです。それは世間知らずで自己中心的なことだと、わたし自身、痛い目に合ってようやく気づきました。リーダーとして成長するなかで、計画を策定することは自分の責任だと認識するようになったのです。「計画しないことは、失敗するための計画と同じ」という言葉がありますが、これは真実です。組織の従業員は、自分が出すべき成果がわからなければ、動きようがありません。不動産のエキスパートが「立地、立地、立地」とその重要性を繰り返すように、ファミリー企業のリーダーも「計画、計画、計画」と強調しなければならないのです。

業績評価も、戦略計画とそれに関連するプロセスの一部です。業績評価の体系は、組織の目標や戦略と個人やグループの業績を結び付ける非常に重要なものです。

数ある業績評価手法のなかでわたしが気に入っているのは、ロバート・キャプランとデビット・ノートンによる「バランスト・スコアカード（ＢＳＣ）」です。ＢＳＣが最も効果的かつ効率的に、戦略と業績評価を結び付けられると思うからです。

ＢＳＣには次の四つの視点があり、この四つの視点から戦略や経営を評価することを提唱しています。

1　財務
2　イノベーションと学習
3　顧客
4　社内プロセス

これらの視点を、あなたのファミリーの価値観と事業のビジョンとミッションを中心に置いて考えてみてください。そのようにして、あなた自身のファミリー企業のスコアカードを開発することができるのです。ＢＳＣの各視点を企業のビジョンやミッションに合致したものにすれば、それに従って目標や手段などが決められます。

また、ＢＳＣは遅行指標と先行指標を区別して扱います。たとえば、遅れて表れてくる遅行指標には、「過去の」行動の結果である財務的な指標があります。投資収益率（ＲＯＩ）や売上高成長率、顧客維持コスト、新製品売上高、従業員一人当たり売上高などは遅行指標です。こうした遅行指標は「将来の」財務業績を左右する指標、いわゆる先行指標によって補完されなければなりません。

先行指標は、ＢＳＣの社内プロセス、イノベーションと学習、および顧客の視点と関連しています。先行指標の具体的な例としては、売上構成比、重要なステークホルダーとの関係の深さ、顧客満足度、新製品開発、多角化への準備度合い、契約合意などです（Framework 2-2 参照）。

経営管理体系のなかで、戦略計画や業績評価のほかに、非ファミリー企業とはやり方が異なるがゆえに競争優位性を築ける可能性があるものとしては、人的資源管理に関する体系があります。

人的資源の管理はどんな事業にとっても重要で、効果的な人的資源管理（採用、選抜、報酬、教育訓練、昇進）の方法を、必ず定めておかなければなりません。成長している企業であれば、これはとりわけ重要です。

ファミリー企業で特に難しい問題となるのが、ファミリーのメンバーの採用です。ファミリーの採用によって、創業者のビジョンの継続や、それへのコミットメントが確実になります。また、ファミリーのメンバーはより強い責任感を持ち、会社への興味も大きい傾向があります。しかし、一つ懸念されるのは、他の従業員の意欲に影響が出ることです。ファミリーとそれ以外の社員で扱いが異なるに違いないと考える人がいる可能性があるからです。この点は非ファミリー企業では問題にはなりません。

Framework 2-2

ファミリービジネス向けに修正したバランスト・スコアカード

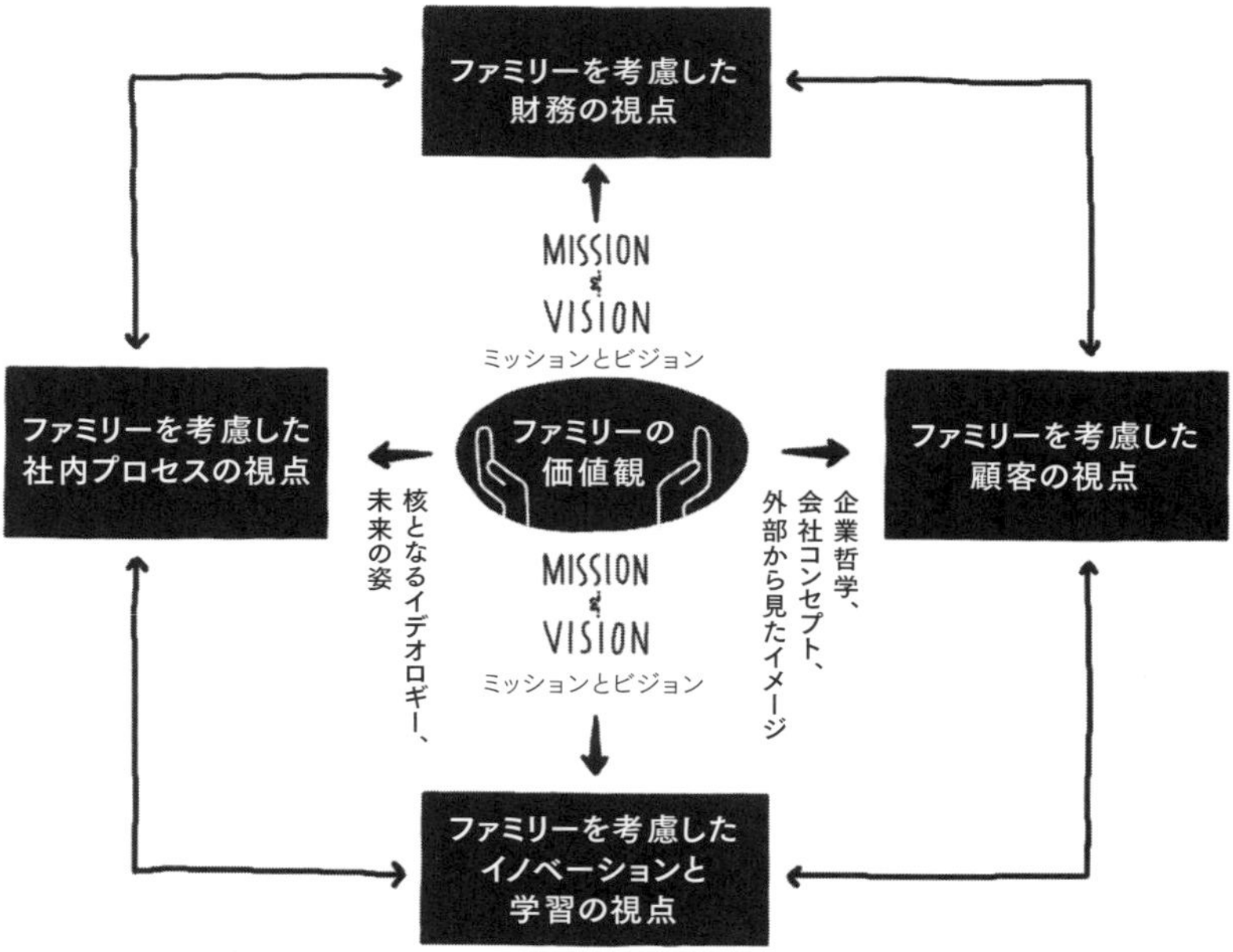

ファミリーの採用に厳しい要件を設けている企業もありますが、一方で、次の世代は学校を卒業したら事業に加わるものと、単純に思い込んでいる場合もあります。優れた企業の例を見ると、ファミリーの採用に関してはルールやガイドラインを設け、「すべての」従業員がそれを理解しているという共通点があります。たとえば、「将来経営陣となるファミリーのメンバーは、事業を成功させられる能力や資格、学位などを持っている必要がある」といったルールです。

ファミリーのメンバーが、ファミリーの企業以外で一般的なスキル（自己管理、人間関係、技術など）と事業に生かせるスキルを習得することが大切だと考える人も増えています。しかし、ファミリーを外部の企業で働かせる際の懸念点は、その人たちが本当に戻ってくるのかということです。

わたしは自分のファミリーの会社で働く前に、外部の企業で仕事をしたことは最もよい選択だったと考えています。父はわたしが、（一族のお金ではなく）他人のお金で失敗を経験したことを喜んでいます。わたしの子どもたちや甥や姪も、同様に外の企業で経験を積むよう求められるでしょう。できれば、失敗よりも多くの学びを経験してきてもらいたいものです。彼らが一族の事業に社員として戻ってくるか否かにかかわらず、彼らが体得するものは彼ら自身のためになり、一族のビジネスのためにもなります。彼らはより優れたオーナーになるはずですから。

ファミリー以外のメンバーの採用はどう考えればよいでしょうか。ファミリー企業には家族的な雰囲気があり、従業員を家族のように扱うという点で、候補者にとって魅力的な雇用主に

Framework 2-3

事業とファミリーに適用したバランスト・スコアカード

BSC PERSPECTIVE BSCの視点	BUSINESS 事業	FAMILY INFLUENCE ファミリーとのかかわり
 財務	・売上高成長率 ・生産性向上	・世代の引退に備える ・未来の世代が事業に興味を持つよう改革を続ける
 顧客	・優れたオペレーション ・顧客親密度 ・製品の先駆性	・一家の名前の認知 ・マーケティング活動にファミリーを使う ・ファミリーのブランドイメージを反映した品質
 社内プロセス	・イノベーションの促進 ・顧客価値の拡大 ・優れたオペレーションの実現 ・企業市民としての役割を果たす	・未来の世代に寄与する技術投資 ・優れた従業員（ファミリーもそうでない人も）を引き付ける業務のやり方 ・慈善活動
 学習と成長	・従業員の能力とスキル ・テクノロジー ・企業風土	・ファミリーのメンバーのキャリアパスをつくる ・事業と特権への関与 ・ファミリーのメンバーが計画するベンチャー奨励と出資

なれるはずです。それでも、ファミリー企業は優秀な幹部人材の採用で苦労することがあります。出世の階段を上っていきたいと考える能力の高い人材は、ファミリー企業では一族のメンバーでないと昇進の可能性は低いと考えて、入社を躊躇するからです。ファミリー以外の幹部は、ファミリーが限られた知識しか持っていない分野に関して専門知識を提供するなど、非常に重要な役割を果たします。この点については、別の章でさらに詳しく述べますが、ここではわたしが尊敬するファミリー企業のリーダーがよく口にする言葉を紹介しておきましょう。それは、「能力は血よりも濃い」です。

マーケティングの手法も、ファミリー企業と非ファミリー企業では異なります。ファミリー企業が「ファミリー」のポジショニングを理解し、活用しようという動きが増えています。また、ホールマークやリーバイス、ＳＣジョンソンなど、品質の優れたブランドを持ち、優れたマーケティングを行っているファミリー企業があります。これらの企業は「ブランドビルダー」と呼ばれ、傑出した、独自性のある、そして魅力的なブランドを創造できます。

他には、何世代にもわたって築いてきた自社の独自性にスポットライトを当ててマーケティングを行っているファミリー企業もあります。たとえば、ミシュランはその革新的な製品を誇り、アドルフ・クアーズはそのビールの品質を、カーギルやウォルマートは効率的なオペレーションを、ベクテル・グループとＪＰモルガンは取引の能力を前面に出しています。

成功しているファミリー企業は、戦略が優れているだけではなく、自社を世の中にマーケティングする力においても優れています。わたしも何年もかかってマーケティングの力を高めてきました。従業員やサプライヤー、金融機関、顧客などのステークホルダーも、わが社がファミリー企業であり、今後もそうであるということを評価してくれています。

成長戦略

ここまで、ファミリー企業では組織構造も管理体系も異なるということを述べてきました。この組織構造と管理体系は戦略を実現するためのものです。戦略には差別化戦略もあれば、合併戦略などさまざまなタイプがありますが、この章で取り上げたいのは「成長戦略」です。

成長はアーキテクチャーと相性のよいテーマです。ただ、非ファミリー企業と比べて、ファミリー企業にとっての成長はより複雑で難解なものです。マクダフ家では成長の大切さについて、次のような見方が教え込まれてきました。「成長していなければ、ただ立ち止まっているだけだ」「成長しないと死んでしまう」「成長していないということは、逆戻りをしているということだ」――。こんな言葉をあなたも聞いたことがあるのではないでしょうか。

ファミリー企業であろうとなかろうと、成長戦略にはしっかりとした財務戦略が必要です。ファミリー企業は短期的な業績目標ではなく、長期的な目標を持つ傾向があります。通常、創業世代は事業の存続にフォーカスしているので、事業で得た利益を成長のための資金として事業に再投入します。事業の存続を目指す創業者は、非ファミリー企業と比べて負債を背負うことに慎重です。ファミリー企業は概してイノベーション志向ではありますが、特に事業が立ち上がった後はリスクを回避する傾向があります。

このように、ファミリー企業で顕著な点の一つが、成長への欲求があるにもかかわらず、財務方針の面では保守的であるということ、そして独立を重視するということです。わたしはファミリーのメンバー以外には会社の所有権を譲ろうという気持ちはありません。一族以外の人が株主として加わるのは構いませんが、会社のコントロールを失いたくはない。多くのファミリー企業が同様の考えをもっているでしょう。したがって、わたしは成長資金の調達には株式の発行ではなく、留保利益を使うか、銀行からの借入を用います。

このテーマに関してわたしが熱心に研究していることを知った人から、あるファミリー企業のリーダーの集まりで、企業の成長について話してくれと頼まれました。参加していたファミリー企業から見えてきたのは、どの企業も成長はしているけれども、成長の測り方がバラバラだということです。違いは業界によって生じているようでもありました。たとえば、建設会社の場合、オーナーは「資産」で成長を測っていました。一方で、製造業では成長を「従業員数」で測る傾向がありました。

しかし、「成長を認識するための指標は何か」という質問を投げかけると、興味深い反応が返ってきました。業界が異なっていても、会社の発展の段階ごとに共通するパターンがあったのです。

成長とは組織の変化の一形態であり、発展段階ごとの事業のニーズに対応することと考えることができます。まず、企業の発展の最初の段階では、成長はほとんどの場合、「売上」と「市場シェア」の拡大で認識されます。その後、拡大する市場の需要に応えるために人材を増やす必要が出てくるので、この段階では「従業員数」の拡大で成長が認識されるようになります。事業が成長していくと、運転資本を増やす必要が生じるので、「キャッシュフロー」の増加が重要な成功要因となります。やがて「利益」が拡大するようになり、その利益が事業の継続やさらなる成長と発展の基盤となります。このように、成長の指標は発展段階ごとに理解するのが最善であり、それが段階ごとの生存を確実にし、次の段階への移行を助けるのです。

成長の指標はさまざまですが、ファミリー企業は「どのようにして」成長を遂げるかを決めることが重要だと、わたしは考えています。ファミリー企業が取れる選択肢としては、「内部成長」と「外部成長」があります。

内部成長は自律的成長とも言われ、主に新製品の開発や拠点の拡大、事業の展開範囲の拡大などによって実現されます。グローバル化が進むこの世の中では、内部成長の優れた方法の一つとして、輸出市場の開拓が挙げられます。輸出は中小企業にとっても、魅力的な成長手法の一つとなりました。ただし、企業の立地と業界によって、輸出が行えるか否かは変わってきます。

競争優位を確立して成長を勝ち取る方法として、ファミリー企業は製品（あるいはサービス）の差別化を図る傾向が強いことがわかっています。言い換えると、市場最安値を提供して成長しようとするのではなく、差別化を行ってプレミアム価格で売ることを狙うのです。内部成長は、多くの企業にとって最も安全な成長手法であると考えられています。ただし、問題がないわけではありません。よく起こるのは、内部成長により会社の人材と財務が切迫することです。

これはわたしが苦労して学んだ点です。すでにお話ししたように、わたしの祖父はまだ会社が若かった頃に亡くなりました。父は経済成長の波に乗ることができ、そこにはチャンスがあふれていました。献身的な従業員に支えられ、銀行も時には非協力的ではあったものの、支えてくれました。しかし、父はあまり遠い将来のことまで考える人ではなく、公式の計画を立てることもありませんでした。

わたしは一〇年間の修業のなかで、どのように意思決定がなされるかを見てきて、このプロセスを変えようと心に決めました。成功するためには成長し続ける必要があり、そのためには内部成長と外部成長を組み合わせる必要があるとわかっていました。しかし、もっと重要な点として理解していたのが、成長とは何かの反動で起こるものではなく、計画立案に代表されるような、主体的で意図的なものだということです。

会社のオーナーのなかには成長など必要ないと考えていた人もいて、わたしはその人たちに説明する責任がありました。初期の頃には、内部成長が会社の存続には不可欠だと言って、彼らを説得できました。しかし、外部成長についての説明とその実行はもっと難しいことがわかりました。しかし、方法はあります。それをこれから説明してみましょう。

「外部成長」は他企業の買収によって成し遂げられます。買収のコツを知り、経営陣が謙虚でいる限り、ファミリー企業は買収によって劇的に成長できます。企業が懸命に努力して独自の市場を獲得し、ある程度のポジションを築いて成功を収めると、そのあとも内部成長だけで成長を続けるのは困難な場合があります。ファミリー企業が買収を検討し始めるのはこのタイミングです。しかし、上場企業の買収については多くのことが知られている一方で、ファミリー企業が主に買収候補とする非上場企業の買収については、最近では環境が変化してきてはいるものの、それほど知られていません。この問題を克服し、非上場企業を買収するチャンスをつかむカギとなるのは、情報へのアクセスとその活用です。ここでは簡単な説明にとどめますが、買収の方法について詳しく知りたい場合は「サーチ・ファンド（若手起業家が投資家から資金を集めて立ち上げるファンドで、その資金を用いて企業を買収して経営を行う）」が用いているプロセスを調べてみるとよいでしょう。

長年のあいだ、多くの人がファミリー企業は事業の多角化に消極的であると考えてきました。しかし、業界の破壊的変化によって事業の不確実性が高まるなか、歴史あるファミリー企業でもそんなことは言っていられなくなりました。変化によるリスクへの懸念を、買収を通じた成長によって解消することが議論されるようになってきたのです。わたしの戦略計画のなかにも、もちろん買収戦略が含まれています。

買収を検討する際には、以下の点を検討する必要があります。

1　戦略とのつながり——買収は成長戦略の一環でなければなりません

2　専門家とともに進める——買収の各段階では非常に専門的な問題が生じてくるので、プロの手を借りる必要が出てきます。こうした専門的な問題の多くは、契約を取り交わす前に、早めに認識しておく必要があります

3　信頼できる人物かを確かめる——交渉で自分の代理人となる人を選ぶ際には、その人の資格や能力を慎重にチェックする必要があります

4　買収対象企業を探し出す——買収候補となる優れた企業は、大々的に宣伝されて売り出されることはありません

5　資産の価値がカギとなる——プロによるバリュエーション（企業価値評価）が不可欠です。非上場企業を買おうとする人は、リターンを得るまで五年以上も待てない場合がほとんどなので、非上場企業のバリュエーションは短期的な見込みに基づいて行われることがほとんどです。上場企業のバリュエーションでは、純粋な収益が評価額に大きく影響しますが、非上場企業の買収では、上場企業の場合と比べて資産の価値がより大きな影響を及ぼしま

す。そうなる理由は、非上場企業の買収のほうが一般的にリスクが大きく、そのため完全に失敗した場合に売却するための資産を持っておくことが重要になるからです

6 適正な価格を設定する――買収価格の計算では、会計と税務の手法が非常に大きな役割を果たします。買収資金は借入で賄われることが多いので、資産に対する税引き前利益の割合を推計して、自己資金でその分をカバーできるかを確かめる必要があります。買収戦略がよく計画され実行されたならば、買収した企業とオペレーションを統合することでコストが削減でき、また市場のチャンスを開拓することで売上が伸び、それによって買収資金を賄えるだけの利益を稼げて、さらには買収した企業のリスクを相殺できるほどの金額が残るようになります

7 真の収益を推計する――被買収企業の「帳簿上の」収益ではなく、「真の」収益を推計すべきです。その会社の財務業績に、多様な会計手法がどのような影響を与えているかを理解する必要があります

8 資金を調達する――一般的に、被買収企業はファミリー企業のような少数株主の会社の株式を売却代金として受け取りません。そうなると、残る選択肢は現金での買収となります。現金を得る方法としては、株式の発行と借入があります。株式での資金調達は、既存の株主にさらに出資をしてもらうことにより実現できますが、ファミリー企業の株主は買収のための追加出資など問題外だと考えることが多いです。そうなると、借入が最も一般的な

形になります

9　リターンをもたらす――買収の成否は、買収後に何が行われるかにかかっています。成功は「新オーナー効果」と呼ばれるものから生じます。オーナーが変わることによって、停滞していた企業にエネルギーや新たな視点、新たな人材や資金がもたらされるからです

10　企業文化を理解し統合する――書類の上では買収がどんなに魅力的に見えても、難しいのは二つの企業を一つにすることです。ここでアーキテクチャーについての議論に話が戻ってきます。具体的には、組織構造や管理体系にどんな変更を行うべきか、スムーズに統合するためには、前もってどんな準備ができるかなどを考える必要があります

成長戦略をこの章で説明しようと考えた理由は、組織構造と管理体系と戦略との関係を改めて強調するためです。本章で述べてきたように、組織構造は、組織の活動と、その活動を行う人々の権限と自律性を規定します。また、①ファミリー企業の組織構造は非ファミリー企業とは異なり、②その違いは機能別組織、事業部制組織、マトリックス組織のいずれにおいても現れ、③経営管理体系、および④人事やマーケティングなどの機能別の体系にも影響を与えます。

伝えたいメッセージは非常にシンプルです。それは、構造と体系が戦略を実現するということです。

第2章のまとめ

ファミリー企業のアーキテクチャー（組織構造と経営体系）は、非ファミリー企業とは異なります。この章の前半部分で説明したように、わたしはファミリー企業と非ファミリー企業とのあいだで異なる点を見つけようとしてきました。また、優れたファミリー企業に特徴的な点を明確にしようともしてきました。簡単に言うと、それらの企業のアーキテクチャーは、①よりフラットであり、②それによって迅速な意思決定ができ、③経営管理体系の洗練度合いは低いが、④「クラン・コントロール」によって補完されています。この章の後半部分では、アーキテクチャーと戦略の相互作用について示すために、成長戦略について説明しました。

三つの学び

・組織構造と経営管理体系の基盤となるのはファミリーである
・柔軟な（成長）能力を築くのはオーナーの仕事である
・戦略は重要であり、成長戦略には財務戦略も重要だ

ケーススタディ【アーキテクチャー】

ファミリー企業の二世代目で、パッケージング会社のＣＯＯ（最高執行責任者）を務める二九歳の女性は、「長時間のマラソンの最中に一五ラウンドのボクシングの試合を戦ったような」気分だった。二年半前にＭＢＡ（経営学修士）課程を修了して以来、彼女は父親と妹とともに、その経営不振の企業を立て直そうと必死で働いてきた。同社は、彼女がまだ子どもだった頃に現ＣＥＯである父が買収したもので、すべての株式を父と母が所有していた。

ＭＢＡ課程修了後に彼女が会社に戻ってきたときには、その会社は二年連続で損失を計上しており、コスト管理はできておらず、首尾一貫した戦略もなかった。顧客企業の業界は、グローバルな業界再編と、マーケティングの高度化、そして中国からの安価な輸入品との戦いに直面していたが、そうした変化にも対応できていなかった。変革を阻んでいるのは、長年在職している父の部下の経営陣だと、彼女は感じていた。

会社の八割の人々がＣＯＯである彼女の部下という状況から、彼女は何よりも組織構造を変えることが最優先だと認識した。そして、この組織再編に誰が適応でき、誰が適応できないかを判断する必要があった。また、社員の変革への不安を鎮め、一貫したメッセージを発するために、ＣＯＯと父親と妹は各機能部門とミーティングを開き、新しい組織構造と会社の方向性、予想される変化について説明した。また、従業員が受け取るメッセージがぶれないように、三人の見解を統一するよう注意した。

最終的には、管理職の一六%が解雇されるか辞職した。COOはスキルと素質があると感じた人材を社内で昇進させて、リーダーのポジションに就けた。それまでは、考え方が凝り固まった経営陣に阻まれ、そうすることができなかったのだ。

組織再編のプロセスで、COOは自身の行動の正当性を社内に示すために、外部アドバイザーによる諮問委員会を組織した。彼女は委員会の創設を発表し、そのメンバーを社員に紹介して、組織再編のあいだ委員会の活動が社員からよく見えるようにした。最初の委員会は社内で開かれ、上級管理職が会議に招かれた。ここで管理職らはアドバイザーに質問ができ、アドバイザーは経営陣がどんな人たちなのかを知ることができた。COOは言う。「経営再編の期間に、三人のいかにも経験豊かなエグゼクティブが社内をあちこち歩いていたことは大きな効果があった。この先、わたしがファミリー以外の人たちにも説明責任を果たすのだということも示せた」

妹は営業担当のバイスプレジデントに昇進し、業界再編で誕生した複数の巨大顧客企業との関係構築を行うことになった。それらの新たな企業は、先進的な販売とマーケティングのノウハウをどんどん活用するようになっており、かつてのその業界の特徴でもあり、同社のマーケティング上の強みでもあった人間関係への依存度を減らしていた。

父と妹は、業界内での同社のイメージが変わっていないのではないかと考えていた。事実、妹は「顧客業界の二つのグローバル企業が、当社に否定的な見方をしていました」と話す。妹は自社を業界に改めて紹介し直し、顧客企業に接近するために八人のスタッフを採用した。徐々に同社のイメージは、ローコストのパッケージング会社から、顧客の新製品開発に関するあらゆるソリューションを提供できる、総合的で革新的な企業へと変化していった。

諮問委員会の勧めに応じて、同社はアジアにおける生産の可能性も探り始めた。ＣＯＯは一年半のあいだに何度もアジア地域を訪れ、コスト競争力の向上につながるサプライヤーを開拓し、独占開発契約を締結した。彼女はこう説明する。「この契約の本当の効果は、当社に有効なサプライチェーン戦略ができたことです。加えて、新製品開発のチャンスも増えました。以前は新製品を一つ開発するのに、その道具立てと試作で二五万ドルかかっていました。アジアでは、これが二万五〇〇〇ドルでできます。かつて新製品一つを開発するのに必要だった金額で、一〇の新製品を開発して試すことができるのです」

このようにして、抜本的な変革が進められた。ＣＯＯは言う。「ようやく組織の体制が整いました。日々の業務には、適切な人材が配置されています。適切な顧客戦略があり、六社から八社との関係が築けています。コストも管理され、サプライチェーン戦略も前進しています」

会社を立て直すプロセスにかかわったファミリーのメンバー三人は、互いのコミュニケーションの仕方や意思決定の仕方に満足した。三人は、アイデアを実現するうえで問題がないか、意見を十分に交換し、二人の姉妹は毎日ランチをともにして事業について議論し、非常に深い信頼関係を築くことができた。また、三人とも諮問委員会からのフィードバックはとても価値があったと感じていた。

こうして、成長への見通しが立ってきたものの、三人は会社の方向性について合意しておらず、それが行く手を阻んでいた。ＣＯＯは、まず営業分野でスタッフを育てる必要があると考えていた。営業担当バイスプレジデントである妹は、オペレーション分野でのスタッフの育成が先だと考えた。一方で二人の父親であるＣＥＯは、両方の分野を同時並行的に伸ばす必要があるという意見だった。ＣＯＯはこの停滞感に苛立っていた。「三人とも、どの方向に進むべきか、一〇〇％の自信はない。数カ月後には取締役会があるので、それまでに計画を立てる必要がある。もし話がまとまらなければ、取締役会で議論しなければならなくなる」

もう一つ、姉妹が心配している問題があった。それは、いずれ姉妹に会社の所有権が委譲されるという共通認識は存在するものの、そのタイミングや方法がはっきりしていなかったことだ。こうしたファミリーのデリケートな問題は提起しにくく、もっと早急に解決しなければならない問題があるため、脇に押しやられていた。

ケーススタディからの学び

- 事業の軌道を変更するために、一家は会社のアーキテクチャーを変更した
- 新たな懸念材料（製造拠点の海外への移動、会社の所有権とリーダーシップを将来移行することなど）が生じた際に、新しいアーキテクチャーがよりよい意思決定の土台となる
- しかし、そのアーキテクチャーも永遠のものではなく、新たに（ファミリーや事業の）問題やチャンスが出てきたときには変更する必要がある

このストーリーは、次のケーススタディを基に作成された。
John L. Ward and Canh Tran, Generational Transition and Transformation, unpublished case, Kellogg School of Management, 2006.

第3章

ファミリービジネスのガバナンス

ファミリーが拡大し分散していくと、その熱意や教育レベル、起業家精神を維持していくのは難しくなる。事業への熱意がなければ、次世代の起業家的なエネルギーは弱まるか、ファミリー以外の事業に向けられていく。家業の売却につながる場合も多い。ファミリーの役割は、ガバナンスの仕組みを通じて起業家的なエネルギーをつなぎとめ、それを家業に向けさせることだ。

――シルビア・シェパード

メナシャ・コーポレーション　五世代目オーナー

ガバナンスについての議論を始める前に、一言申し上げておきたい。それは「すべての企業は統治されている」ということです。そうなると、「ガバナンス（企業統治）」という概念は、企業の歴史と同じくらいの歴史を持っていると考えられます。しかし、ガバナンスというテーマや、ガバナンスという言葉自体が注目されるようになったのは、比較的最近のことです。

わたしはファミリー企業のリーダーとして、ガバナンスに長いあいだ強い関心を持ってきました。その理由の一つには、非ファミリー企業の人々にわたしを一人前の経営者として認めてもらいたかったということがあります。しかし、わたしがこのテーマに関心を持ち始めたのは社長になるずっと前のことです。わたしは、何世代も続いている歴史のあるファミリー企業を研究してきました。その結果、そうした企業の大半が「ガバナンス」に多くの時間を費やしていることに気付いたのです。社長になるまでの修業期間中に、わたしの関心はさらに高まりました。この章では、ファミリー企業に関連するガバナンスの問題について、多角的に見ていきます。

ファミリー企業のガバナンス

入門レベルの講義では、ガバナンスを「企業に方向性や統制、説明責任をもたらす構造や体系、プロセスで、それによってオーナーの結束とコミットメントを高めるもの」として紹介することでしょう。ファミリー企業の場合、経営執行者、ファミリー、オーナーの視点が組み合わさるため、ガバナンスは非ファミリー企業と比べて難しいものとなります。会社の運営方法や方向性、目標達成までのステップなどについて、それぞれの考え方が大きく異なるのです。

ファミリーにとって、ガバナンスとはファミリーの資産を守り、ファミリーが残してきたものを後世に伝えるための手段です。ガバナンスの仕組みは、オーナーのために、またオーナーに代わって組織に指示を与え、組織を統制するために使われます。規則や人間関係、構造、体系、プロセスが組み合わさった枠組みを基盤として、ガバナンスの仕組みが築かれます。ファミリー企業の独特なガバナンスについて理解するためには、「事業のガバナンス」と「ファミリーのガバナンス」を区別する必要があります。

強調しておきたいのは、すべての企業にガバナンスの仕組みや構造、プロセスがあるものの、それがきわめて略式な場合もあるということです。

ガバナンスの役割を理解することがわたしにとって重要だった理由は、次の二つです。

1　ガバナンスによって、企業のあらゆるステークホルダーが事業の方向性を知りビジョンに集中する。そして、ガバナンスの責任を負う人たちは、会社のビジョンを開発し、守るようになる

２　ガバナンスは価値観を定めるプロセスであり、その価値観に従って、企業に関わる人々が生活し、働く。この点は何世代にもわたるファミリー企業では特に重要である。ファミリーと事業が発展し世代交代が行われるとき、基本となる理念が行動に影響を及ぼす

わが社の業績に重要な影響を及ぼすステークホルダーどうしの関係を管理するにあたって、ガバナンスは非常に重要であり、究極的には、事業の存続と継続のために不可欠なものです。経営陣は事業を運営するための権限を持ちますが、ガバナンスがあることでそうした権限が制約を受け、自分たちには利益があるがオーナーや他のステークホルダーには最善でないことを行わないようにするのです。したがって、当然のことながらガバナンスに関する書籍では、経営執行者を監督する機能に重点が置かれています。この側面は重要であり、今後も重要であり続けるでしょう。しかし、こうした監督の時間を減らせば、その分の時間を企業の価値を高めるための活動に使うことができるかもしれません。

この点に関して重要なのが、ファミリー企業では、経営とファミリーと所有が重なりあっていることから（スリー・サークル・モデル）、経営執行者の利己的な行動が、非ファミリー企業ほどには生じないのではないか、ということです。

ある本では、これを「クラン・コントロール」（第２章参照）と表現しています。事業に関わ

るファミリーのメンバーは、スチュワード（受託責任者。詳しくは第5章、第7章を参照）のようにふるまうと考えられ、目指す方向性が明確で、相互に強い信頼感があるので、監視にそれほど大きく投資する必要はありません。また、取締役会はCEOや経営陣と協働して、オーナーのために、またオーナーに代わって価値を創造することができるのです。そして、社長や意思決定者たちは歩を前に進め、将来に影響を及ぼさない遅行指標ではなく、先行指標にフォーカスすることができます。それによって、短期的な考え方から長期的な考え方にシフトすることもできるのです。

これに関連して言うと、「信頼感」とは組織において重要なものです。実際、ガバナンスの目的は「意思決定を行うチーム間に信頼感を築くこと」だと言われます。

この貴重な信頼感を育むために最も重要なのは、経営執行者と取締役会が自らの役割と責任を確実に理解することです。取締役は、日々のオペレーションではなく取締役会においてどんな問題を取り上げるべきか決める必要があります。これは、経営とガバナンスの両方の役割を担うファミリーのメンバーには、より難しい問題となります。彼らは一つの役割からもう一つの役割に、切れ目なく移動しなければなりません。たとえば、工場のフロアを出て、頭の中ではまだオペレーションについて考えているのに、取締役会に来て着席しているといったことが起こります。取締役の責任は、将来を見通し、会社をどこに導いていくかを考えることであり、オペレーションの課題に集中することではないので、こうした状況は問題となります。経営陣は事業上の具体的な課題に対処するために高い報酬を得ているので、取締役がそうした問題にかかわり過ぎるのはナンセンスです。

わたしの会社では、取締役会は次の二つの重要な点を実現する役割を担っています。

1　業績

2　法令遵守

取締役会は、戦略の形成や方針の決定を通じて、株主に対して業績を監督する責任を持っています。法令を遵守する任務もあり、会社を監督し、自身の行動や取締役会全体の行動を自制しています。あるリーダーの家族は、取締役会の役割について頭を悩ませていましたが、このリーダーが出した結論はこうでした。

「取締役会というものはある意味で保険だ……保険料がものすごく安い保険だ」

わたしは取締役会の毎回の検討事項《アジェンダ》の表紙に、「取締役会の四つの存在理由」を書いて、取締役全員にそれを思い出してもらいます。これを念頭におくことで、細部に踏み込み過ぎるのを避け、貴重な時間を無駄にしないようにします。四つの存在理由は次の通りです。

1　価値創造　取締役会の役割は、当社が長期的で持続的な価値を創造できるようにすること

である。そのために、合意された戦略計画の実現に必要な資源を経営側に提供する

2　ＣＥＯの任命　ＣＥＯを任命し、監督し、評価することは、取締役会の最も重要な機能の一つである。日々の事業活動を、決められた方針と戦略指針の枠内で行う経営執行者も、取締役会が任命する

3　業績の向上　戦略の策定と方針の決定を通じて、取締役会は経営側を導いて、継続的に業績が向上するようにする

4　業績の監督　業績を向上させるとともに、取締役会と経営側は定期的に方針や目標、戦略、業績目標を見直し、当社がビジョンに沿っているかを確認する。リスクの認識と管理も、取締役会が行う

もう一つ、取締役会でフォーカスするものとして、三つの戦略関連の問いがあります。この問いは、取締役レベルで繰り返し考えるべきものです。

1　いまわたしたちはどこにいるか

2　どこに行きたいのか

3　どうやってそこに到着するのか

取締役会は、この一見シンプルな問いを繰り返し考えて、自社の真の状況を知り、分析する必要があります。前章で「計画」の重要性について述べましたが、それを補強するものです。

話を先に進める前に強調しておきたいことがあります。ファミリー企業の強みは、ガバナンスの構造を柔軟に考えられることです。ここまでで取締役会の機能について説明しました。次のガバナンスに関する検討事項は、取締役会の「構造」と「構成」です。究極的には、個々の企業の特質が取締役会の構造を決定します。しかし、何人の取締役が必要かは、さまざまな要因によって決まり

Framework 3-1

取締役会の発展

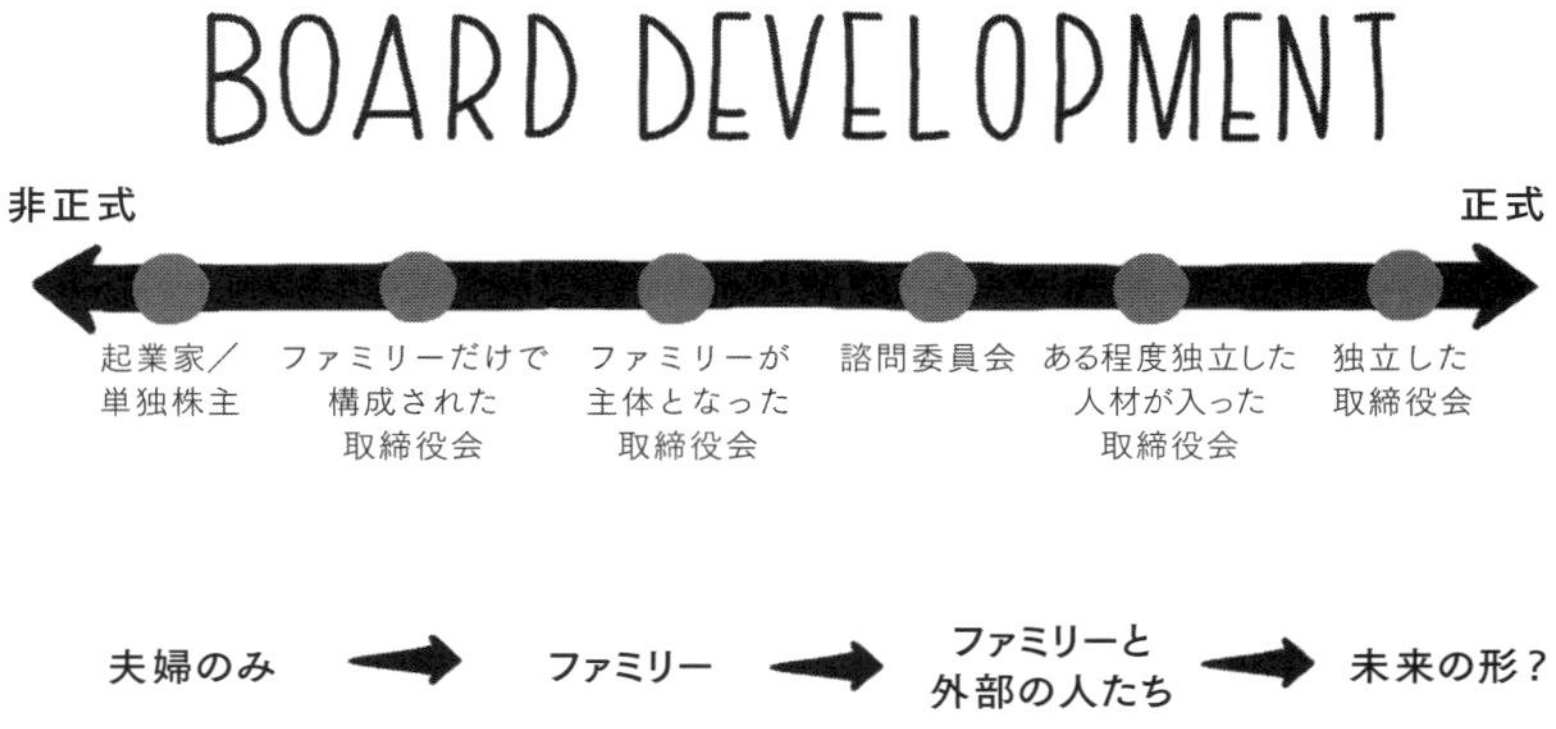

ます。たとえば、会社の規則に定められた人数や、会社の規模、組織のタイプや構造などです。先にも述べたように、組織の構造とプロセスは、企業の成長段階によって正式なものからそうではないものまでさまざまあります。Framework 3-1に示したのは、事業とガバナンスの構造の種類です。複数の世代を経る過程で、ファミリー企業は通常、これらの形態を順にたどっていきます。

独立した（ファミリー以外の）取締役を任命することが、ファミリー企業の取締役会の機能を向上させ、事業の価値を高めるという考え方があります。直感的にはその主張は正しいと感じるものの、独立の取締役が実際に価値を高めるという体系的な証拠はなかなか見つかりません。

わたしが用いているやり方は、取締役の「独立性」ではなく、純粋にその人自身が持ち寄れる能力を見るということです。特にわたしがすべての取締役に必要だと考えるのは、「思考の独立性」と「説明責任」についての理解、そして、進んで説明責任を果たそうとする意欲です。このように、取締役候補者の出自だけに注目するのではなく、その能力に重点を置いたほうが、取締役会のパフォーマンスは向上するということが、わたし自身の経験からも言えます。

取締役会の構成と規模についてですが、成功しているファミリー企業では、取締役会は小さめであることが多い。また、ガバナンスで重要なのが、前述した思考の独立性と説明責任であることから、取締役の過半数がファミリーや取引先などではなく、外部の独立した人材であると有益です。なぜなら、事業全体の利益を考えていないファミリーのメンバーが数名いたとしても、取締役会に思考の独立性と説明責任があれば、そうした人たちの影響を避け、会社にとっての価値を創造できるからです。

取締役会のメンバーについて最後に検討したいのは、ガバナンスはファミリー企業において最も論争のもととなる問題だという点です。なぜなら、さまざまなファミリーのメンバーが取締役になりたがるからです。たとえ能力やスキルや経験が不十分でも、ファミリーの一派を代表しているのだから取締役になれて当然だと考える人がいます。取締役になりたい理由が何であれ、ファミリーのすべてのメンバーが理解すべきなのは、取締役会は「事業に対して」責任があるのであり、自分を取締役に就かせてくれるグループに対して責任があるのではないということです。この点はいくら強調してもしきれませんし、一族のメンバーにはずっと言い続けるつもりです。

しかし、ここまで述べてきた点に注意を集中し過ぎると、コーポレート・ガバナンスについて世界的な課題となっている、真の問題がぼやけてしまいます。それは「説明責任」です。説明責任とは、意思決定者が下した決定とその実現の仕方について、理由を説明し、責任をとることです。ファミリー企業では、説明責任によって、ファミリーとしての役割と経営者としての役割の対立を避け、信頼感と一致団結を醸成します。

ガバナンスの基本原則はファミリー企業でも非ファミリー企業でも変わりませんが、非上場のファミリー企業の説明責任は上場企業とは異なります。上場企業の説明責任のモデルを、必ずしも非上場企業にそのまま適用できるわけではないのです。上場企業では企業の所有が細分化しており、経営側が主体となって活動し、取締役会は株主の利益を守ることに集中します。一方でファミリー企業では、企業の所有が個人的で集中しており、オーナーが主体となって活動し、取締役会は所有者側と経営側の両方の利益に貢献しようとします。

いずれにせよ、説明責任を実現するには、取締役会は株主に説明するための手段を持たなくてはなりません。また、株主も取締役会に説明責任を果たさせるためには、自らの権利を行使する方法が必要になります。さらに最も重要なのは、経営陣がその行動について説明責任を果たすように、取締役会がそのための手段を認識しておくことです。

上場企業では、取締役会の方向性は比較的シンプルです。それは、会社のリスクに見合ったリターンを創出するということです。この点はどの上場企業にも共通するので、取締役会はこの点を知っておけば安心です。加えて上場企業には、不満を持っている株主は株式を売却し、その人の期待に合う企業に資金を移動できるという安心材料もあります。一方で非上場のファミリー企業の場合は、株主からの期待は上場企業ほど単純ではありませんし、株主はそう簡単には株式を売却できません。したがって、ファミリー企業の取締役の役割は、より難しいものになります。多くのオーナーが株主として「閉じ込められている」状態なので、取締役会は確実にすべての株主を代表するよう行動しなければならないのです。したがって、取締役会は株主の期待が何であるかを知る必要があります。

さらに、ファミリーがオーナーとなっている企業では、株主の会社とのつながりは金銭的なものだけではありません。上場企業や非上場の非ファミリー企業の株主であれば、会社に期待するのは金銭面だと考えられます。しかし、ファミリー企業では株主と会社との結びつきは、感情的なものと金銭的なものがあり、よいガバナンスを実行するためには、そうした複雑な期待を認識する必要があります。

コーポレートガバナンスの基本方針としては、取締役会は会社の利益を向上させるか、株主の利益を拡大するか、あるいは両者の利益を向上させるかのどれかを選ぶのが一般的です。（ドイツに代表されるような）コントロール・モデルのコーポレートガバナンスの国々では企業の利益を優先させ、主に英米系のマーケット・モデルのコーポレートガバナンスの国々では株主の即時の利益を優先させます。

しかし、ファミリー企業では、取締役会によるガバナンスが、方向性や説明責任などの問題に対応するのに加えて、ファミリーの信頼感と一致団結をも高めることが望ましいのです。事業を前進させ、同時にファミリーのさまざまな期待を調整するのは、取締役会にとって難しいことです。それでも、ガバナンスの質が低いために、また事業の状況に幻滅したために、ファミリーが会社にコミットしなくなるのは望ましくありません。したがって、会社のガバナンスを任された人々は、会社に指示しコントロールするだけでなく、ファミリーを調和させ、オーナーとして会社にコミットするよう仕向けるという義務が生ずるのです。

独立した視点の大切さ

ガバナンスの取り組みは、一筋縄ではいきません。ある有力なファミリー企業のリーダーがこんなことを話してくれました。

父親に対して、ガバナンスの構造とプロセスを修正して、社外の取締役を入れるべきだと提案したところ、返ってきた返事はこうでした。「いいとも。提案は大歓迎だ。その提案を提出するときには、お前の辞表も忘れずに添えておいてくれ」

昔からいる人々に意見を変えてもらうのは時間がかかります。しかし、ある優秀なリーダーが、昔を振り返って言いました。「もっと早く社外取締役を入れるべきだった」。また別のリーダーはこのように言っています。「ファミリーが信頼している人たちが取締役会にいて力を貸してくれると、プレッシャーから解放される気がする。夜よく眠りたいなら、そして、家族のメンバーとうまくやりたいなら、独立した（社外の）取締役を入れるべきだ」

幸いなことに、取締役会と業績についての最近の調査では、わたしの「思考の独立性」と「説明責任」に基づいたアプローチの正しさが裏付けられる傾向にあります。いまでも、ガバナンスの体制と業績には直接的な関係性は見られませんが、取締役会の構造や構成が業績に間接的かつ複雑な影響を与えているというデータは増えてきています。特に、社外の取締役が取締役会でのプロセスによい影響を与えるということがわかっています。社外の取締役の割合が高いと、「成果の水準」や「取締役会の団結」がより高いレベルになるのです。社外の取締役を含んだ取締役会は、取締役会自体のタスク（より高い成果水準）にコミットしており、より結束力があると認識されています。また、歴史が長く大規模なファミリー企業の取締役会では、成果と団結力、知識とスキルの活用の面で、社外取締役の効果が他のファミリー企業よりはっきりと表れていました。

　したがって、わたしが社外の取締役を任命するときには、その人物の説明責任を果たす能力や新たなアイデアを生み出す力、取締役会の戦略計画に疑問を呈する能力を見ます。こうした基準で選んだ結果、実際にわが社の取締役会は、より高い成果水準や団結を実現できており、それがさらに取締役会の効果を高めることにもなっています。やがては、これがわが社の業績全体にもよい影響を及ぼしていくことでしょう。

　よく質問されるのは、こうした「追加的な」ガバナンスのコストはどれくらいかというものです。はっきりと言えますが、これはお金を出して買えるアドバイスのなかで最も安いものです。コストではなく効果に注目してください。社外取締役から洞察力に富んだ導きを一つ得られるだけでも、報酬の何倍にも値する価値が得られます。社外取締役を招いたことで、わたしの社長という役割へのアプローチも変わりました。わたしはより自分の行動や行いに説明責任を果たすようになり、それが事業やファミリーにもメッセージとして伝わっていきました。

もう一つよく質問されるのは、「社外取締役は、何人置くのが適切か」ということです。その答えは「最終的には三人以上」です。しかし、人は走る前には歩き、その前には立ち上がらなければなりません。能力の高い取締役に来てもらえるようになるには、時間がかかります。そこで、わたしはまず諮問委員会の設置から始めることを勧めます。社長やあらゆる社員、特に古株で頑固な社員を巻き込んで、外部の人と情報を共有することに慣れていくのです。そうして、諮問委員会から、より正式の取締役会へと進む道を整えていきます。「小さなナッツを巨大ハンマーで割ろうとしてはいけない」のです。つまり、必要性に合わせて方法を変えていくべきだということです。

では、なぜ三人なのでしょうか。まずは、三人いれば議論ができますし、実際的な面から言うと、四半期ごとの取締役会に（一人は都合がつかなかったとしても）少なくとも二人は出席できると考えられるからです。また、三人いると、取締役の一人がやむを得ず引退することになったときにも助かります。取締役の交代は適切に計画すれば問題とはならず、スムーズにメンバーを引退させることができます。取締役の交代は、事業のニーズが変わるなかで、アイデアを生み出していくためには不可欠です。

「ファミリーのメンバーは、取締役会に何人置くのが適切か」という質問もよく受けます。わたしが尊敬しているある人物は、「社外取締役が三人いるなら、家族は何人でもいい」と言いますが、こう付け加えています。「全体で八人を超えるべきではない。取締役は事業に対して責任を持つのであり、その人物を取締役にしてくれた人たちに責任を持つのではない」

よい取締役は何の偏見も持たず、すべての会議に「説得を行い、説得される」つもりで参加します。彼らはファミリーの価値観と事業の文化を理解して懸命に考え、愛情深く、建設的な批判を行います。しかし、歓迎されても長居しようとはしません。わたしが知っているあるファミリー企業の幹部は、他のファミリー企業の取締役になりましたが、一つだけ条件をつけました。

「期間は五年間だけ。その間にわたしを存分に使ってほしい。五年を過ぎると誰も本当の意味では独立した存在ではいられなくなるだろう。五年が近づくとファミリーに近くなりすぎるから、他に明らかに客観的な人物が必要になる。求められれば、臨時でアドバイスをすることはできる。だが、独立した、ファミリー以外の、幹部ではない取締役として、公式にアドバイスをすることはない」

オーナーとしての責任

ファミリー企業でも非ファミリー企業でも、オーナーのタイプはさまざまです。たとえば、「事業型オーナー」は事業のマネジメントや運営に参加します。「統治型オーナー」は事業に対する指示や統制に特化します。「投資型オーナー」は会社の株式は持っているものの、何を行いどう実行するかは経営陣や取締役会に任せます。

しかし、ファミリー企業では、企業の所有と経営が重なり合うことから、オーナーには次の二つの課題が生じます。

1　事業をどのように監督し、事業にどのように貢献するか
2　オーナーであるファミリーとしての意見をどのように統一してコンセンサスを形成するか

ファミリー企業のオーナーには、所有とファミリーと経営との間に調和をつくり出すことが求められます。そして、ファミリーと事業との間に前向きな関係をつくり、それを向上させていくのです。

Framework 3-2
ガバナンスのプロセス

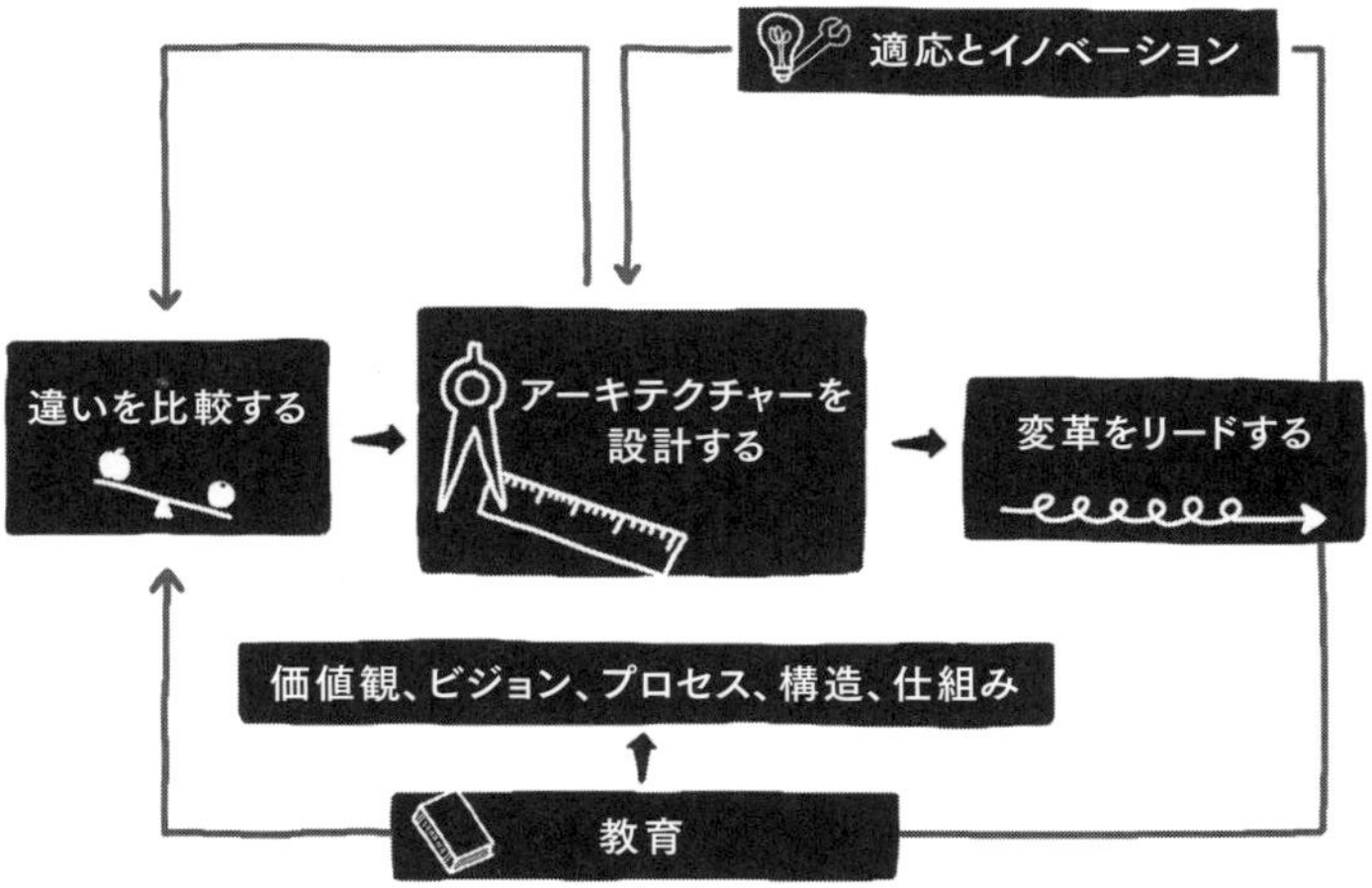

ファミリー企業のオーナーには、以下の四つの広範な責任があると考えられています。

1 経営執行者と定期的に話し合い、会社の文化を形作る「価値観」を定義する
2 経営戦略の範囲と境界線を確立する「ビジョン」を定める
3 成長やリスク、流動性、利益率などについての「財務目標」を決め、取締役会がその実現可能性と一貫性を評価できるようにする
4 取締役を選任し、取締役会の形を決める

わたしはオーナーであり、経営者でもあることから、ファミリー・ガバナンス構造、つまりファミリーについてのガバナンスを実現する仕組みをつくろうと考えました。その目的は、事業とファミリーのよい関係を育てて、事業の価値を高めることです。Framework 3-2に示すように、これは動的なプロセスです。

ファミリー・ガバナンスの構造とプロセス

これまでの議論を踏まえると、ファミリー企業にはどんなファミリー・ガバナンスの構造と

プロセスが必要だと考えられるでしょうか。

創業期には、ファミリーのリーダーが、他のメンバーには相談せずに自分でファミリー・ガバナンスについての決定を行うのが一般的です。なかには、家族に意見を聞いたうえで決定を下す人もいるでしょう。ファミリーが成長してくると、ファミリー・ガバナンスを実現するために、公式なものであれ非公式なものであれ、仕組みをつくる必要が出てきます。それによって、「教育」を施し、ファミリー企業内に「コミュニケーション」を生み出すのです。具体的には、ファミリー会議やファミリー集会を開いたり、ファミリー・カウンシル（家族協議会）を設立したりします。ファミリー憲章やファミリー憲法を制定する場合もあります。

ファミリー・カウンシルは、ファミリーの問題に焦点を絞ったガバナンスの仕組みです。取締役会が事業のために存在するように、ファミリー・カウンシルは家族のために存在します。ファミリー・カウンシルの役割は、メンバー間でのコミュニケーションを促進すること、そして、ファミリー内での争いごとを解決することです。さらに、ファミリー・カウンシルは次世代のメンバーの教育をサポートします。わたしたちマクダフ家にも、ファミリー・カウンシルがあります。わたしの叔母が議長で、第三世代のメンバーも加わってにぎやかになっています。

ファミリー集会は、ファミリーの規模が大きくなって、ファミリー・カウンシルに全員が参加できなくなったときに有効です。年に一度の集会をファミリー・カウンシルとともに開きます。たとえ年に一度の開催だったとしても、ファミリー集会は教育やコミュニケーション、そしてファミリーの絆を強める場となります。この集会を通じて、ファミリーの事業に参加し、理解を深めることができます。わたしたちのファミリーも人数が増えているので、ファミリー集会の開催を考えるべき時に来ました。この件についてはファミリー・カウンシルで話し合います。

わたしたちのファミリーでは、オーナーとファミリーと経営執行者の関係を管理するために、ファミリー憲章（ファミリー憲法とも呼ばれます）をつくりました。ファミリー憲章は、オーナー（株主）がオーナーどうしの関係や、家族のメンバー、経営執行者との関係において、守るべき原則やガイドラインを示したものです。わたしたちのファミリー憲章には法的な力はありませんが、他の法的な文書（会社の規約や売買契約など）に言及しています。ファミリー憲章を作成した際には、ファミリーのメンバーの気持ちや個々の責任感が、どんな法的な専門知識をも上回るということを実感しました。大変な作業でしたが、その過程はあらゆる面で見返りの大きなものでした。

ファミリー幹部と企業幹部

わたしはガバナンスというテーマに情熱を傾けています。

最近図式化したのが、ファミリー幹部と企業幹部の違いです。ファミリー・ガバナンスに関わる人たちは、「ファミリー幹部」のスキルセット（複雑な人間関係をうまく操り、さまざまな期待がある中でコミュニケーションを行うなど）と、企業幹部のマインドセット（ビジネスに関する知性を備え、成長する事業のニーズを理解すること）の両方を備えていることが必要です。

反対に、企業幹部の人たちは、企業幹部のスキルセットと、ファミリー幹部のマインドセット（ファミリー企業のニュアンス、たとえば長期志向、ファミリーの価値観、多くのステークホルダーがいることの重要性などを理解すること）を持つ必要があります。Framework 3-3はこれを表現したものです。

Framework 3-3
ファミリー幹部と企業幹部

第3章のまとめ

この章では、ファミリー企業における事業のガバナンスと、ファミリーのガバナンスについて、その構造とプロセスの概要をお話ししました。ファミリー企業のガバナンスは、より幅広いオーナーがいる非ファミリー企業よりもずっと難しいものです。特にわたしたちのファミリーでは、オーナーとしてのファミリーが抱く事業への期待が多様化してきている一方で、他者に影響を及ぼすチャンスも、株式を売却するチャンスも上場企業に比べると限定されています。

そこで、わたしは事業にガバナンスを導入するだけでなく、それをファミリー・ガバナンスで補完するという二つの道筋をたどりました。教育とコミュニケーションを通じたファミリー・ガバナンスは、ファミリーであるオーナーの事業に対する金銭的・感情的期待を明らかにします。そうして明らかになった期待は、企業でガバナンスを執り行う人々の手引きとなります。彼らはオーナーの期待に対して、その実績を説明する責任を持ち、また、経営陣に対しては思考の独立性をもって挑み、説明責任を持たせます。いまでは、わたしたちはより完成度の高いファミリービジネス・ガバナンスを実現しています。

三つの学び

・ファミリーのガバナンスは事業のガバナンスよりも間違いなく難しい（かつ、より重要である）
・思考の独立性は不可欠だ。そのために、外部の人材を取締役として招き、偏見のない、客観的な見方を提供してもらう
・オーナーの事業への期待は、事業の現実を踏まえて解釈する必要がある

ケーススタディ【ガバナンス】

米国の山岳州（ロッキー山脈が通っている諸州）で銀行業と牧場運営を行っている大規模なあるファミリー企業は、五人の兄弟とその配偶者で構成される第二世代から、一九人のいとことその配偶者で構成される第三世代へと、経営の移行を進めていた。その下の第四世代はすでに三〇人になっていた。

年長者らは、ファミリーのメンバーを事業にかかわらせ、また互いにかかわり合いを持たせようと取り組んできた。毎年、ファミリーの一体感を祝う催しが開かれ、互いに喜びを共有し、

ファミリーの広がりを認識し合った。年長者は活発に活動を行っていた。いとこどうしのキャンプを開き、ニュースレターを発行し、ファミリーで受け継がれてきたものを集め、保存した。また、ファミリー憲章を定め、ファミリーの価値観を定義し、ビジョンとミッションを明らかにした。彼らはミッション実現のためにファミリー・カウンシルを創設した。加えて、年長者が若いメンバーの教育を行う年長者カウンシルも設立、そして、ファミリー・オフィスでは、後継者育成のために資金計画や人材育成、人事システムをサポートした。

そうしたなか、銀行と牧場の両方の事業で、初めてファミリー以外の人物が一年以内にCEOに就任することが決まり、すでに人選も終わっていた。第二世代はもう経営には積極的に関与せず、非ファミリーの経営幹部と第二、第三世代のファミリーの取締役たちが、会社を導いていくことになった。第三世代は、ファミリー企業のさまざまな組織で、もっと積極的にガバナンスの役割を果たしたいと考えていた。

ファミリーは、全員の合意に基づいて規約を制定し、自分たちのさまざまな組織（銀行、牧場、財団、ファミリー・カウンシル）の取締役を選ぶ際には、分家の立場ではなく「一つのファミリー」として選任することとした。しかし、銀行の取締役としてファミリーの代表を二人選ぶことになったとき、実際に選ばれたのは三人で、それは規約に反していた。第三世代のメンバーは、なぜ第二世代が投票も情報提供もせずに、選考のルールを変えたのかと疑問を呈し、次のように語った。

直近の選挙のプロセスと第二世代の行動によって、このファミリーの結束は確実に弱まるだろう。そのことを非常に辛く感じている。選挙のガイドラインと取締役の要件を、ファミリー全体で大変な思いをしながら定めた。ファミリー・カウンシルと第二世代は、家族集会に諮ることなくこのルールを変える権利はない。選考の進め方についての方針も、ファミリー・カウンシルで議決され、承認されたものだ。しかし、ファミリー・カウンシルはこれも遵守しなかった。銀行では取締役のポストは二つだけだったはずなのに、なぜ三人の候補者が選ばれたのか。最近露呈したこの問題には、わたしたちがバラバラになってしまう重大な危険が潜んでいる。

実際に起こったのはこういうことだった。第二世代の全員が投票を行う会議のなかで、二人の取締役を選ぶということは、第二世代の家族のうち一つ以上の家族が、自分自身の子どもに反対票を投じなければならないということがわかったのだ。それが原因でプロセスが破壊されてしまった。

二カ月後、ファミリー・カウンシルが開催された。その目的は、取締役選任のプロセスを見直し、新しく統合的なガバナンスの仕組みをつくることだった。第二世代の最年少者であるファミリー・カウンシルの議長は、銀行の取締役選任で起こった感情的な問題を受けて、ファミリーのメンバーを取締役などに選ぶプロセスを改善しようと、熱意を燃やしていた。全員が合意したのは、意思決定を行うプロセスがフェアであれば、その決定は受け入れられやすいということだ。牧場と財団、ファミリー・カウンシルでの選挙が近づいていることから、ファミリーは銀行の選挙で起こったダメージを回復し、団結した進取的なファミリーとして前に進もうと決意していた。

銀行の経営陣は、戦略計画のプロセスに積極的に取り組んでおり、国内外で銀行を成長させようとしていた。新たな買収計画が優先事項となっていた。牧場のチームは大型の組織再編を検討しており、それによって事業範囲を絞って、コストを削減し、牧場の負債を大幅に減らす考えだった。したがって、このファミリー企業では、これまで以上に株主であるファミリーの期待を知る必要があった。第三世代で、ファミリー・カウンシルの副議長である人物は語った。

わたしたちファミリーは、わたしたちの事業のリスクを理解する必要がある。銀行がどんな戦略を追求しようと、それを理解して支援しなければならない。このファミリーがオーナーであることは事業にとってどんな意味があり、それによってどんな独自性が生まれているのか、また、事業がどんな戦略的問題に直面しているのか、わたしたちは問わなければならない。

第三世代で、銀行の取締役である人物は言う。「わたしたちの事業が『ファミリーの所有』である状態を維持するために、わたしたちは懸命に取り組んだ。五つの家族が事業を維持したいのであれば、それは意図的に行う必要がある」

ファミリー・カウンシルの議長は、ファミリーの期待を調整し、それを銀行と牧場に伝える最善の方法について思案していた。「わたしたちファミリーは、事業のマネジメントの仕方と、わたしたちの資産をよりよく管理する方法を理解するよう、継続的に努力し続けています」

以下に、ファミリーが作成したガイドラインを示す。

・サプライズはなし　全員が問題について知っていて意思決定の実施について前もって知っている
・利害対立はなし　個々人の関心事や希望は公表されている
・急がない　準備する時間があり、自分の意見を言う時間があると全員が感じている
・誠実な配慮　参加者それぞれが、自分は尊重されて意見に耳を傾けられていると感じている
・相互のコミットメント　多数決や意思決定を行う前に、「ウイン－ウイン」の解決法がないか、真剣に検討する
・立派なふるまい　会議が録画され、未来の世代に公開されるかのように会議を進行する

・客観的な外部の人材　社外取締役が全員の利益を代表する
・意思決定後の振り返り　全員がプロセスについて議論し、あとで結果を振り返ることに合意する

ケーススタディからの学び

・ファミリーと事業において、「一方通行」的なガバナンスは存在しない
・ガバナンスのプロセスは、企業の発展段階や複雑さ、企業の意図によって、固定的なものではなく流動的になる。ファミリーと事業のガバナンスを一体化させるのは複雑な作業である
・ファミリーのメンバーによって、意欲や能力はさまざまに異なる
・ガイドラインを書いておくことが重要だ

このストーリーは、次のケーススタディを基に作成された。
John Ward and Canh Tran, Scott Family Enterprises(A): Defining Fair Process for Cousin Owners, Kellogg Case #5-204-267(A), Published 2004.

第4章 ファミリービジネスと起業家精神

いま行われていることは、今後はもっと別の、もっと優れたやり方で行われるはずだ。わが社がそうできないのなら、競合企業がそうするだろう。

――フレデリック・メイヤー
メイヤー 第二世代リーダー

わたしは自分自身を起業家的だと考えていますが、いつも思うのは「起業家」という言葉が実に含みの多い概念だということです。わたしはこうした思いを祖父から受け継ぎました。創業者であった祖父は、間違いなく起業家でした。しかし、同世代の人たちと同じように、「起業家」と呼ばれることを喜んでいませんでした。父も同じです。それはおそらく、祖父や父の時代においては、起業家はそれほど賞賛されるものではなかったからでしょう。

起業家が賞賛される現在の環境においても、多くの人はファミリー企業が起業家的であるとは考えません。それはなぜなのだろうと、わたしはずっと考えてきたのですが、やっと答えが見えてきました。つまり、ファミリー企業は起業家的だが、その形が他とは異なるのだ、ということです。

起業家精神（を発揮して行う活動）という大きなテーマにアプローチするには、それを消化できる大きさに分解するとよいと、わたしは考えています。あるいは、「理解できる側面ごとに分けて考えるとよい」と思います。したがって、わたしは起業家的活動を「起業家的戦略」と「起業家的リーダーシップ」に分解して考えています。この章では、起業家的戦略に焦点を絞ります。起業家的リーダーシップについては、後半の章で詳しく掘り下げます。

起業家志向と長期志向

起業家的活動がファミリー企業と非ファミリー企業とでどう違うのかを理解するうえで、わたしは「起業家志向」という概念に注目してきました。特に、この概念がファミリー企業にどう適用できるのかを考えてきました。起業家的な会社のプロセスや手法などをベースとして考えられた、起業家志向の構成要素は次の三つです。

1　革新性
2　進取の気性
3　リスク志向

「革新性」とは、企業が新しいアイデアや斬新なもの、実験やクリエイティブな手法に取り組んだり、それをサポートしたりすることで、それによって新しい製品やサービス、技術的なプロセスが生じるようなものを言います。「進取の気性」とは、業界のライバル企業と積極的に競争しようとする傾向を指します。「リスク志向」は、企業の経営陣が投資の意思決定や不確実性のある戦略の選択で、リスクをとろうとする傾向を言います。

わたしが読んだ研究論文では、この三つの側面はそれぞれに独立しており、他の側面とは関係なく変化するということでした。ここからわたしは、起業家的な会社では、三つの側面のレベルはそれぞれに異なっていて、時間の経過とともに変化すると考えました。わたし自身の会社も、この三つの側面すべてが一〇年前とは異なります。とりわけ、とても意見のはっきりした父が中心だった時代とは大きく異なっています。

この「時間の経過に伴う変化」という観点で、わたしが最近強い関心を持っているのが、ファミリー企業の戦略的な視野はより長期的であるということです。これは「長期志向（ＬＴＯ）」と言い表すことができ、ファミリー企業が潜在的に持っている競争優位性だと考えられます。この長期的な視点は、ファミリー企業で起業家的な活動を行う際に、ますます大きな意味を持つようになっています。

長期志向についてお話しする前に、もう一つわたしが（起業家精神に）関連するトピックで強い関心を持っていることについて紹介させてください。それは、ファミリー企業がイノベーションの問題に取り組む際に、ジレンマではなく「トリレンマ」に直面するということです。起業家というテーマにどうアプローチするかを考えるなかで、わたしが思い出したのは、父が「起業家」と呼ばれることや起業家精神について話すことにさえ興味を示さなかった一方で、「イノベーター」として知られることは非常に喜んだということです。この点に、ファミリー企業と非ファミリー企業の違いが表れていると思います。世代や業界にかかわらずこうした傾向があるのです。

ファミリー企業の「イノベーションのトリレンマ」

一般的な見方として、「ファミリー企業は元来、非ファミリー企業に比べて保守的で、そのため新しい製品や業務プロセス、マーケティング戦略などに関して、あまり秀でたイノベーターではない」とされています。たとえばファミリー企業がファミリーの歴史を尊重するあまり、経営陣がリスクを嫌い、市場志向ではなくなるといったこともあります。しかし、わたしや同世代の一部は、こうした見方にずっと反対の立場をとってきました。というのは、ファミリー企業はイノベーターとしての競争優位性や強みを備えていると考えるからです。

ファミリー企業が実際に持続的な業績を上げるためには、イノベーションが重要であることは間違いありません。イノベーションへの強固な、そして継続的なコミットメントがなければ、バカルディやSCジョンソン、ミシュラン、キャドバリー、ハイネケン、クアーズ、マーズ、ゼンガといった企業は存続せず、わたしたちがよく知っているようなブランドや業界のリーダーにはなっていなかったでしょう。

ダニー・ミラーとイザベル・ル・ブレトン＝ミラーによる共著書『同族経営はなぜ強いのか？』のなかで、両氏はイノベーションが得意な長寿のファミリー企業の例を多く挙げ、それらの企業が独自の戦略をとってきたことを紹介しました。彼らの研究では、ミシュランやＷＬゴア、テトラパック、フィディリティなどの企業は、「指揮権」の面が特に強力だったということです。つまり、迅速に決断を下せるリーダーがいて、イノベーションを通じてチャンスをつかんだ。たとえば、そうした企業は異なる技術分野や機能分野の人々のコラボレーションを促進し、それによって「組織の境界にかかわらず」協力し合って、すばやくイノベーションを創造し、商品化できたのです。

わたしと他のファミリー企業のリーダーたちは、ファミリーと経営執行者、オーナーの三者の関わりが、イノベーションの追求において「トリレンマ」を生み出すという概念を編み出しました。この場合のトリレンマは、三つの陣営から生じる解決しにくい緊張感を指します。それがあるために三つの選択肢からの選択が難しくなり、どの選択肢も単独では受け入れがたいか、好ましくなくなる（あるいは、そう見える）のです。ファミリー企業のイノベーションに関しては、こうした状況は次の点に関して起こります。

1　「財務資源」の適切な活用

2　「ベストプラクティス」の効果的な適用

3　「適任の人材」の公平な使い方

Framework 4-1は、ファミリー企業のイノベーション戦略を説明するためのモデルとして使えます。このモデルには、三種類のイノベーションが含まれています。①新製品・サービス、②新たな事業プロセス、③新たなマーケティング活動の三つです。もちろん、イノベーションには他の種類もありますが、わたしはこの三つが、ファミリー企業の事業環境では最も代表的なものだと考えます。

ファミリー企業のイノベーションは、他の組織と同様に、外部環境に影響を受けています。外部環

Framework 4-1
イノベーターのトリレンマ・モデル

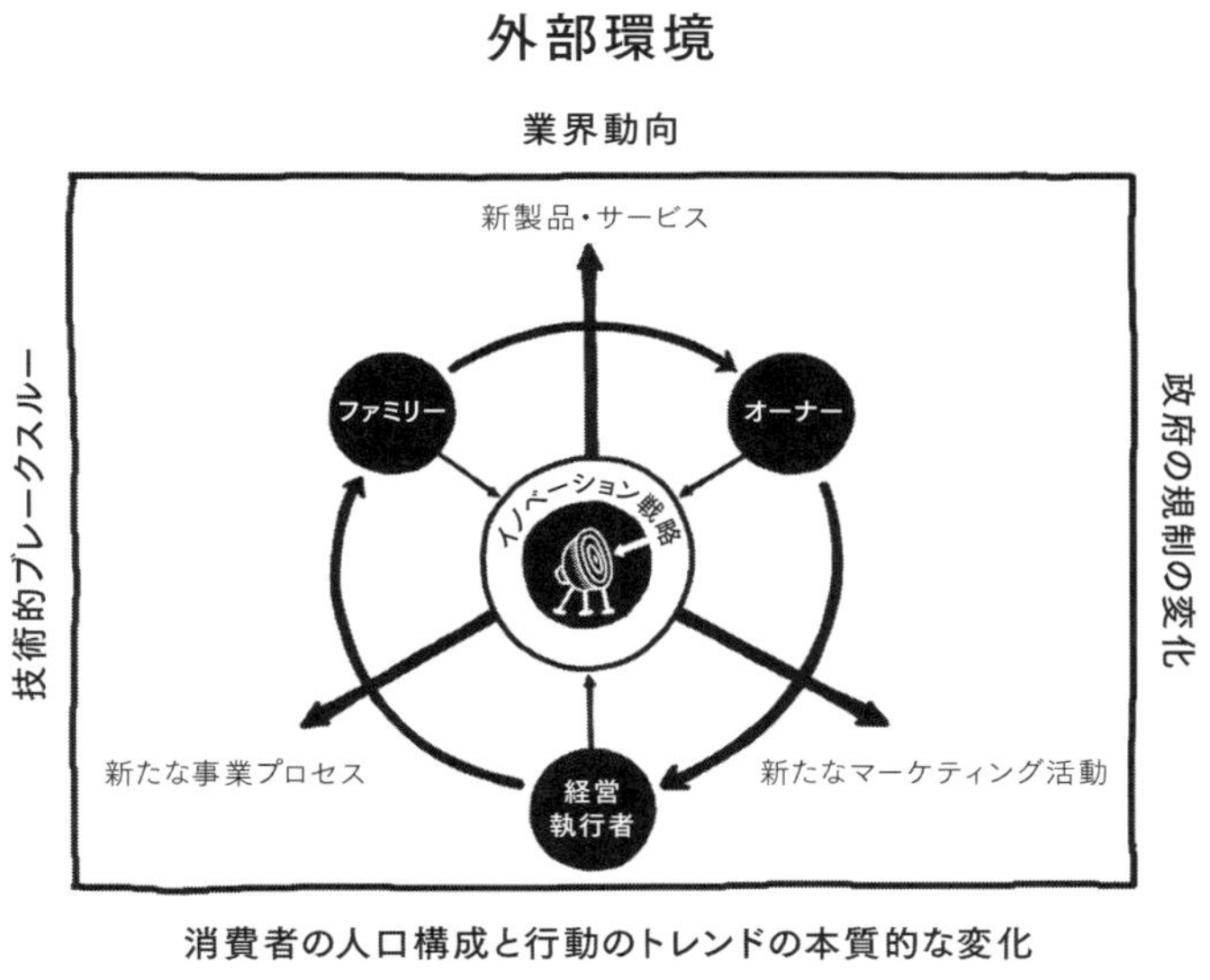

境には（Framework 4-1にあるように）、まず「業界動向」があります。具体的には、業界の成長や企業統合、競争状況などです。また、「技術的ブレークスルー」は多くの場合、代替となる製品やサービスの開発につながります。「消費者の顧客の人口構成と行動のトレンドの本質的な変化」とは、たとえば高齢化などです。「規制の変化」は環境関連の規制の変化などです。イノベーションのプロセスは、産業と社会の変化の最先端を反映するので、こうした外部的な要素は、ファミリー企業のイノベーターにとってとりわけ重要なものです。

このモデルの起源は、「ファミリーの信念や文化、内部の状況がイノベーションの中核となる」という考え方です。文化とは、つまりは企業の姿勢や価値観です。企業に「一体感」「仲間意識」「従業員は家族の一員」などの言葉で表される文化があれば、特定の価値観を浸透させやすいですが、ファミリー企業でそれはよくもわるくもさらに深く浸透し、日々の意思決定に広く関わってきます。なぜなら、ファミリーとオーナーと経営執行者が結びついているからです。

わたしはこのモデルをメタシステム、つまり、すべての要素が重要で、すべての要素が一体となってイノベーション戦略とその結果を決めていくものだと考えています。さらに、ファミリー、オーナー、経営執行者という三つの要素は、時間の経過とともに変化するということも、強調しておきます。たとえば、ファミリーは、その始まりから次世代の成熟、第一世代の引退といった変化を避けて通れません。オーナーも変化します。外部の投資家の出資によって広がり、また遺産として次世代に引き継がれます。経営執行者も、外部の専門家を招くことで劇的に変わる可能性があります。

この三つの要素の変化が、要素どうしが交差する部分で起きるとき、イノベーション戦略が変化しやすくなります。たとえば、ファミリーの次世代のメンバーが成人して、その前の世代よりも事業に関心を持っていなかった場合、その次世代のメンバーは未公開株（ＰＥ）投資企業に声をかけ、会社を売却できるような形にしたり、ポジショニングしたりするかもしれません。あるいは、ファミリー企業が業界内の優れた企業との競争によって危機に陥ったとき、ファミリーが主体となっている取締役会が能力のある経営者を招いて、会社を変えようとするかもしれません。

こうした事例として、近年わたしが関心を持って見てきたのがフォード・モーターです。フォード・モーターはいまでもそのファミリーが最大の株主ですが、同社はアラン・ムラーリーをＣＥＯとして招きました。就任当時、ムラーリーはすでに世界的な経営者でした。ボーイングで、７７７やドリームライナーなどの製品イノベーションを実現し、またグローバルなサプライチェーン・マネジメントに取り組むなどして、同社の業績を回復させたのです。ムラーリーはフォードでも、新しいデザインや最高品質、新しいブランドづくりなどにこだわって、同社を立て直したと考えられています。わたしの賢明な祖父が言うように、「論より証拠」です。

重要なことは、「昔ながらの」ファミリー企業が、たとえ自分たちだけの世界で事業を行っているように見えたとしても、実際にはそれぞれの業界の影響から無縁ではいられないということです。外部の力が、トリレンマの三つの要素すべてに対して、決断を求めてくるのです。「決意を持ってイノベーションを起こすか、あるいは敗退するか」と。

たとえば、わたしの知り合いのある製造業の五世代目経営者は、「イノベーションのトリレンマ・モデル」の四つの外部要素すべてに関して、大きな課題に直面しました。具体的には、低コスト国の企業が技術的に優れたプロセスを開発し、新たな競合製品を発売し始めたのです。顧客数が減少するなかで、その新製品はこれまでにない購入方法や情報へのアクセスを提供しており、顧客にとって魅力的なものでした。五世代目の父親は、ファミリーのリーダーとなるよう五世代目を育ててきました。その教育で事業環境が変わるわけではありませんでしたが、ファミリーが逆境に立ち向かううえで、一つの言葉が常に行く手を照らしました。

「息子よ、たとえ資金がなかったとしても、イノベーションを起こして、新製品を市場に提供しなければならない」

両極マップをファミリー企業のパラドックスに活用する

「伝統か、変化か」といったファミリー企業特有のイノベーションのジレンマを概念化するうえで、優れたツールがあります。それは「両極（ポラリティ）マップ」です。これを活用するためには、まず四角形を描いて縦に二つに区切り、それぞれに、パラドックスの両極の名前を書きます（「伝統」と「変化」など）。そして、左側の項目（たとえば伝統）について、そのよい点をすべてリストアップし（評判、業界知識など）、続いてわるい点をすべてリストアップします（反応が遅い、技術面で遅れているなど）。右側の項目（たとえば変化）についても同じことを繰り返し、よい点（新しい人材を引き付ける、新市場を開拓するなど）とわるい点（リスク、従業員が不安になる、市場の混乱など）を挙げます。

Framework 4-2は両極マップの例です。このマップを見ても、ここから「どちらにすべきか」という議論が生まれるとは考えにくいかもしれません。実は、この「伝統か、変化か」のパラドックスに対処するには、これが「伝統か、変化か」ではなく、「伝統も、変化も」であることを理解しなければならないのです。

両極マップは、他者の視点を理解するうえでも非常に有効であり、ファミリー企業のリーダーにとって優れたツールです。

Framework 4-2
両極マップ

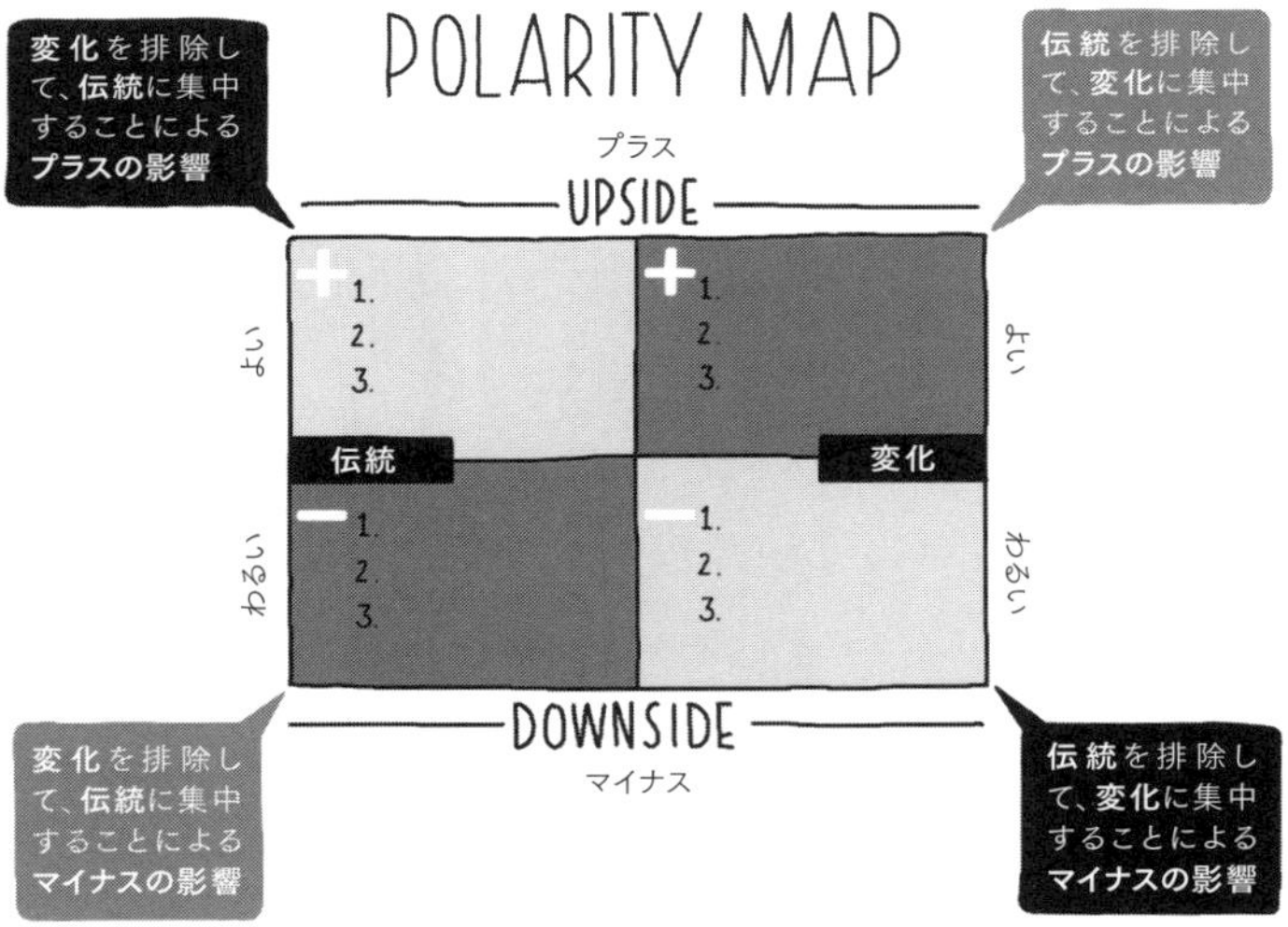

イノベーションのトリレンマを理解し、解決する

オーナー、経営執行者、ファミリーはイノベーションのプロセスに知見や能力や資源を豊富に提供できます。しかし現実には、多くのファミリー企業が「イノベーションが不得意」というステレオタイプに安住しています。Framework 4-1のなかで、ファミリー、オーナー、経営執行者ががっちりと結びつき、製品・サービス、事業プロセス、マーケティングのイノベーションに関して、健全でないアプローチをとり続けるのです。

たとえ第一世代が優れた事業を築き上げても、変化や適応ができなければ、成長が鈍る可能性があります。そうなると、そのファミリー企業は小規模なままで、次第に取るに足らない存在となり、若い世代はその会社を顧みず、やがて放棄することになります。前の世代の人々が亡くなると、次の世代は資産を売り払うでしょう。実際、ファミリー企業は長期的にはそうなると、多くの人が思っているのです。

では、ファミリー企業のイノベーションにおける優位性や特色は、何から生じるのでしょうか。ファミリー企業が衰退し始めるとき、その根本原因は何なのでしょうか。そして、ファミリー企業はどうすれば、何世代にもわたってイノベーション能力を維持し続けられるのでしょうか。

わたしが考えるところでは、ファミリー企業が優秀なイノベーターになるためには、トリレンマを効果的に解決する必要があります。

Framework 4-1で示した、ファミリーとオーナーと経営執行者を結ぶ線には大変な緊張感があります。ファミリー企業が持続的に成功し続けていくためには、この緊張状態をコントロールする必要があるのです。これが、ファミリー企業のトリレンマにつながるからです。先に述べたように、トリレンマとは三つの選択肢からなかなか選択できないことで、それぞれの選択肢が単独では受け入れがたい、あるいは好ましくない（と思える）状況です。この三つのグループの存在により、ファミリー企業でのイノベーションは複雑になります。

ただし、こうした緊張感が生じる一方、この三つのグループがあることで、非ファミリー企業には見られない独自の資源と優位性も生じます。逆に言えば、三者間の緊張状態から生じてくるトリレンマを理解し、対処すれば、長期にわたって強い競争優位を維持できるのです。

トリレンマは前述した長期志向の枠組みで考えると、最もよく対処できます。長期志向とは、企業が長期的な活動に取り組む傾向を指します。研究者たちは最近、長期志向に関して、ファミリー企業に独特な側面を認識し始めました。たとえば、ＣＥＯの在籍期間が長いこと、長期の投資を好むこと、事業を次の世代に承継しようとすること、出資者が忍耐強いこと、世代を超えた目標があることなどです。

ここから、家業を持つファミリーの多くの人たちと同様に、わたしはあからさまな長期志向信奉者となりました。長期志向は正式には、「意思決定や、ある期間を経て実現する行動の長期的な意味合いやインパクトを優先する傾向」と定義されます。会社を長期志向にする責任があるリーダーは、事業とファミリーの「未来」と「継続」を念頭に、起業家的な活動の追求に向き合うこととなります。それを実現するためには、非ファミリー企業が出合わないような障害に直面しても、忍耐力を持つことが必要なのです。

第4章のまとめ

長期志向を持つことは重要で、それが事業を行うファミリーとその戦略の特徴ともなります。一方で、ファミリー企業のリーダーは競争力を育て、起業家精神を持たなければなりません。したがって、わたしのAGESフレームワークにおける起業家精神（を発揮して行う活動）は、起業家的リーダーシップと起業家的戦略の交わるところとして考えるのが、最もよいと思われます。

起業家的リーダーシップ（詳しくはあとの章で述べます）は「戦略的な価値創造の発見と開拓へのビジョンに熱く取り組む『サポートメンバー』を集めて動かすための、ビジョンのあるシナリオをつくるリーダーシップ」（Lumpkin and Brigham 2011）と定義されます。

強力なリーダーシップと知見を備えた起業家はファミリー企業の貴重な資産となり、ファミリー企業が競争優位を確立する力となります。しかし、このリーダーシップだけでは不十分で、その企業が目標を実現するための有効な戦略が必要となります。起業家的戦略は、組織が事業環境との関係を確立し、また再確立するための手段であるといえます。

第1章と本章の初めのほうで述べた三つのシステム（ファミリー、オーナー、経営執行者）に関して触れておくと、ファミリー企業のリーダーはこの三つの側面について、注意深く考える必要があります。ファミリーとそれに関連する長期志向によって、ファミリー企業のオーナーは非ファミリー企業のオーナーとはリスクへのアプローチが異なることがわかります。わたしが手本としている何世代にもわたるファミリー企業のリーダーたちは、事業のパートナーや顧客や社会全般との、永続的で互恵的な関係を大切にしています。彼らは自社の健全性と継続性を維持しようと努力し、そのために人材に対してスチュワードシップ（詳しくは第5章を参照）を発揮し、幹部に対しては、長期間学び続けて仕事を続けるよう促します。ファミリー企業のリーダーは、ファミリーと事業と自分自身のために、知見を育みます。

しかし、もう一度強調しておきたいポイントがあります。それは、企業とファミリーのライフサイクルを考えると、ファミリー企業における起業家精神は、世代が進むごとに弱まっていく傾向があるということです。たとえば、起業家精神のリスク選好の側面について考えてみましょう。第二世代やその後の世代は、第一世代ほど大きなリスクをとろうとしないでしょう。あとのほうの世代には、創業世代の遺産の面倒を見るという負担が加わるからです。だからといって、より多くのリスクをとれと言っているわけではありません。新しい世代は、既存の事業を動かす新しいやり方を見つけるべきだということなのです。これは、後継者が事業に参加したら、その会社をリフレッシュし、成長を促すために斬新なアイデアが必要となるということでもあります。

三つの学び

- イノベーションと変化を実現し、その一方で伝統を大切にする
- 忍耐強いオーナーとして、長期志向を実現する
- よいリーダーは勇気ある決断をする

ケーススタディ【起業家精神】

一九八〇年に創業したデータベース技術サービス企業の創業者は、自分の姓のイニシャルと、当時ゼロ歳から七歳だった四人の子どもの名前のイニシャルを並べて社名とした。創業時から、

彼はよく子どもたちにこう言っていた。「この会社は世代から世代へと受け継がれていくものなのだ。現在の業界に留まっていなくてもかまわない。だが、君たちのおじいさんとわたしが行ったように、家族を一つに保つことはとても重要だ」

創業者は、自分で事業を始めるまでは父親の会社で働いていた。彼の事業アイデアは時代の先を行くものだった。そのため、課題の一つは顧客企業の説得だった。自分の会社には優れた技術や規模の経済性、マーケティングなどのスキルがあるため、顧客が社内で行うよりもうまくいくと説明する必要があったのだ。彼の事業の文化は、力強い彼の性格を反映していた。

一九九〇年代後半になって、創業者は年に二回諮問委員会を開くようになった。構成メンバーは、創業者、創業者の妻、四人の子どもたち、同社の弁護士、会計士、そして、創業者の学生時代のルームメイトで、大統領の選挙運動の主要スタッフとして働いたことがある人物だった。彼はこの委員会を意見交換の場として使い、また子どもたちに事業を教える場としても使った。

二〇〇一年には、彼の会社は本社に一七五人の従業員を抱え、インドとフィリピンの外注先には一二五人の従業員がいるという規模になっていた。同社はそのニッチな業界では最大規模で、二位の企業よりも四〇％大きく、年間の売上高は一三〇〇万ドルだった。その年に起こったリセッションで、創業者は一〇％の人員削減を強いられた。このとき、彼は貴重な教訓を得た。彼の言葉によると、それまでの好景気により同社は「非効率になっており、規律を欠いていた。従業員を削減しても、業務の遂行にはまったく影響が出なかった」ということだ。

この二〇〇一年の時点では、四人の子どもたちのうち、二八歳と二五歳になった上の二人がこの会社で働いていた。下の二人は大学院生と大学生で、ともに経営学専攻ではなかった。彼らが会社に加わるかどうかは、まだわかっていなかった。その年、創業者は二つ目の会社を立ち上げた。それは最初の会社と同じ技術を使ったものだったが、新たな二つの業界をターゲットとしたものだった。さらに、最年長の子どもが三つ目の新たな業界に向けて事業を拡張し、その部門に新しい名前をつけた。二番目の子どもは別会社となっているメール配信サービス事業のトップに立ち、その会社にまた別の名前をつけていた。

事業に加わっている子どもたちは、市場でのチャンスを逃さないよう、新たに立ち上がった事業のどれかをすばやく前進させたいと考えていた。しかし、父親の意見は違った。「製品が他のどの会社よりも優れているのなら、一、二年出るのが遅れたところで、影響はないだろう」。彼は競合企業が三、四社存在するのは歓迎だと言った。「市場はこんなに大きいのだから、全員に十分な仕事がある。それに、早く出すぎて、他の会社のために新しい土地を全部耕すようなことはしたくない」

子どもの一人はこう言った。「お父さんは心の底では起業家だ。でも、少し疲れてきているのではないだろうか。新しい会社を始めるために、毎晩遅くまで働くようなことはしたくないのだろう……。それはもう、わたしたちきょうだいの仕事だ。この会社を次のレベルに持っていくのだ」

もう一人は次のような意見だった。「父は優れたマーケターで、優れたセールスマンだ。だが、父が自分でも言うように、経営者としてはそれほどでもない。努力しているとは思うが、これまで成功してきた五八歳の人間を、変えることができるだろうか」

最年長の子どもは、事業担当のバイスプレジデントを務めている。彼は将来を思って、こう話した。「自分はこの会社を運営できるとは思わない。経営幹部の大半は、わたしを子どもの頃から知っている。彼らがわたしを上司として受け入れるのは、非常に難しいのではないか」。創業者は後継者の選び方について、ただ子どもの誰かを指名するのではなく、別の方法はないかとあれこれ考え始めた。他のファミリーでは、子どもたち自身が新しいリーダーを選んでいるところがあった。また、「社長室」をつくって、子どもたちが共同社長になっているファミリーもあった。

会社に加わっている二人の子どもたちは、遅かれ早かれ、事業再編の必要があると考えていた。一人は、一流の経営陣を備えた持ち株会社の創設を提案しており、事業を別の業界にも広げたいと考えていた。もう一人は、「ファミリーが腰を落ち着けて話し合い、一年後、五年後、一〇年後に、全員がどこにいる必要があるのかを議論するべきだ」と主張していた。自分自身や自分の夢についての責任だけでなく、ファミリーについての責任を理解することが大切だと感じていたからだ。創業者はこう振り返る。「わたしはファミリーを一つに保ちたいと考えてきた。しかし、そうすることで子どもたちの人生に負担が生じるなら、それはわたしの趣旨から外れている」

ケーススタディからの学び

・起業家は、起業家志向と長期志向について早めに考え始めるべきだ。子どもの名前を社名につけた時点から、この起業家は子孫とともに何世代にもわたって事業を続けていくことを考えた。こうした夢をおそれずに持つことには、何か強力なものがある

・二世代目に起業家精神があることは明らかだ。彼らは企業内で新しい事業を立ち上げた

・それでも、五年から一〇年といった時間軸で、ファミリーが個人として、また企業としてどこを目指したいのか、それを計画する方法が必要だ

このストーリーは、次のケーススタディを基に作成された。
John Ward and Elly Andriopoulou, The Oberman Family and Omeda Communications Inc., Kellogg Case #5-105-003, published 2006.

第5章 スチュワードシップとは

わたしたちの成功の秘密、それはわたしたちの会社には何世代にもわたって引き継がれてきた信条があり、そんな企業で働いていることを皆が誇りに思っていることだ。

――サミュエル・カーティス・ジョンソン・ジュニア
SCジョンソン　第四世代リーダー

ファミリー企業と非ファミリー企業の違いを表すAGESの四つの側面のうち、最もよく違いが表れるのがスチュワードシップ（受託責任。ファミリー企業においては、ファミリーの財産や事業を、先代から受託されたものとして引き継いで管理し、それを未来の世代に渡していくこと。またそのような利他的な姿勢）でしょう。ファミリー企業におけるスチュワードシップの重要性は、ある意味自明ともいえます。だからこそ、わたしは早いうちからこの概念に注目するようになりました。

しかし、スチュワードシップはもともと、ファミリー企業に関して考えられたものではありませんでした。そもそもスチュワードシップの理論は、経営執行者である企業幹部が「オーナーの利益を最優先にして、行動していること」を実証するために導入されたのです。言い換えると、企業幹部がスチュワード（受託責任者）として行動しているということです。

この考え方は、わたしにとって斬新なものでした。なぜなら、一般的には企業の経営陣は自己中心的なエージェント（代理人）と見なされ、往々にしてプリンシパル（依頼人）であるオーナーの意図に沿わない行動をすると考えられていたからです。

こうした見方は、「エージェンシー問題」として何十年もコーポレート・ガバナンスの議論を支配してきました。本章では、スチュワードシップとは何かを述べたうえで、なぜそれが、ファミリーのリーダーと事業のリーダーにとって絶対的に重要なのかをお伝えしていきます。

そのためには最初に、エージェンシー（代理行為）に関する理論を紹介しなければなりません。ところどころ難しい部分もありますが、頑張って理解に努めてください。というのも、この概念によって自分自身の見方が変わり、リーダーシップについての見方も変わるからです。

スチュワードシップとエージェンシー

スチュワードシップをファミリービジネスマネジメントの理論に組み込むために、わたしは最初にそのコインの裏側にあたるもの、つまりエージェンシー問題についてよく知る必要がありました。

以前、あるファミリー企業のリーダーがわたしに、「わたしたちリーダーは、エージェンシー・コストを減らすために、日々多くの時間を使っている」と言ったのですが、この言葉の真の意味がわかったとき、わたしは大いに納得したものです。わたしはファミリー企業でも非ファミリー企業でも、企業で起こることはほとんどエージェンシー理論で説明できると考えています。本章でも図を使いながら、エージェンシーに関するエッセンスをわかりやすくお伝えしていきます。

プリンシパルとエージェント

最初に知る必要があるのは、ビジネスにおいては、エージェンシー理論はプリンシパル（オーナー）とエージェント（プリンシパルが自分たちの代わりに行動してもらうために雇う人たち、つまり経営陣）の関係について説明するものだということです。企業の部長クラスも、オーナーの代わりに意思決定をする場合はエージェントと見なすことができます。

エージェントは自らの利益のために行動しようとすると考えられています。そして、彼らの利益はオーナーの利益とは必ずしも一致しない可能性があります。実際、経営陣はオーナーが知り得ない情報を知ることができるため、自分たちの利益のために行動できるのです。こうした情報格差は「情報の非対称性」と呼ばれます。経営執行者がこの非対称性を利用してオーナーの意図に沿わない行動をとるとき、モラルハザード（倫理性の欠如）が起こります。たとえばインサイダー取引などがこれにあたります。また、経営執行者が自分たちの報酬を増やすために、過大なリスクをとろうとすることも考えられます。加えて、エージェントが秘密の情報を前もって知るようなときに起こる「逆選択」（望ましくないものが選ばれて残ってしまうこと）と呼ばれる状況も起こり得ます。これはたとえば、採用における縁故主義によって、能力のある者が去り、無能な者が残る、といったことなどです（これらの状況によって生じる損失《コスト》を「エージェンシー・コスト」と言う）。

アメとムチ

このような行動の影響を弱めるために、プリンシパルであるオーナーはアメ（報酬）とムチ（罰）を使います。アメを好むオーナーは、たとえば株式やストックオプションなどを提供し、オーナーが望んでいる結果を達成するよう経営陣を動機づけます。また、大半のオーナーがムチに投資して、道に外れた行動を防ごうとします。たとえば、内部監査や外部監査といった監視の仕組みや、経営管理体系などを導入するのです。これらへの投資は、経営陣の行動とオーナーの意図を一致させるための実際のコスト（エージェンシー・コスト）となって表れます。しかし、こうしたさまざまなアメとムチが用いられるにもかかわらず、オーナーと経営陣の意図を完全に一致させることはできません。その結果、常にある程度の「残余損失」（プリンシパルとエージェントの情報格差や能力の格差によって生じる損失）が発生することになります。

オーナーが経営者でもあるとき

しかし、このプリンシパルとエージェントの関係は、ファミリー企業と非ファミリー企業では根本的に異なります。小規模なファミリー企業では、オーナーが経営（執行）者であることも多いからです。したがって理屈のうえでは、オーナーと経営者の目的の不整合は起こりませんし、情報の非対称性も生じません。モラルハザードも回避できます。そのため、初期の研究者たちは、ファミリー企業ではエージェンシー・コストはわずかであると考えました。このエージェンシー・コストの低さが、ファミリー企業では競争優位性の源であると認識されてきました。オーナーが経営者でもある場合には、会社の資源やリスク選好、成長予測などについての情報は共有されます。つまり、「非対称性」は減少します。その結果、経営資源が誤って配分されることはなく、監視の費用は最小化されます。しかし、ここで注意すべき点があります。

ファミリー企業ではエージェンシー・コストが低くなる傾向があるのは明らかですが、常にそうなるとは限りません。置かれた状況によっては、ファミリー企業ならではのエージェンシー・コストが生じる可能性があります。

こうしたコストはわたしたちがファミリー企業の「強み」だと思っているもののバランスが崩れることによって生じます。具体的には、オーナーと経営者の目的が一致しなくなったときです。これは特に、経営者がその地位に長くとどまり過ぎることにより負の影響が出たり、また、ファミリーに気持ちが傾いて賢明な経営判断に支障が生じるといったときに生じます。前者は「エントレンチメント（経営者の居座り。本来は「塹壕の中に身を隠す」という意味）」後者は「利他主義」と呼ばれています。

プリンシパルとエージェントの問題を、マクダフ家の状況に当てはめて少し考えてみましょう。

創業者である祖父は、間違いなくオーナーであり経営者であったので、エージェンシー・コストが生じる可能性は限られたものでした。第二世代のリーダーであった父は事業を拡大したので、祖父のようにはいきませんでした。エージェンシー・コストが生じる可能性が出てきたのです。しかし、部下のマネジャーたちと非常に親密な関係を築き、彼らをよく処遇して、その可能性を最小限にしました。わたしの場合は、ガバナンスの仕組みを非常に慎重に導入し、エージェンシー・コストが生じる可能性を減らすようにしました。事業とファミリーが成長すると、情報の非対称性や、（事業とファミリーにおける）逆選択、利他主義の可能性が非常に大きくなってきたからです。

この問題について、行動経済学の視点が思考の枠組みを提供してくれます。行動経済学によると、個人（ファミリー企業の場合は、その中心となっているファミリーのグループ）は、その人の嗜好によって動機づけられます。その嗜好は経済的な場合も非経済的な場合もあり、自己中心的な場合も利他的な場合もあります。利害の対立が起こるのは、資源の制約によって、支配的なファミリー・グループがさまざまに異なる嗜好を同時に実現できなくなるときです。言い換えると、非経済的な目的が存在することで、オーナーたちの間でさまざまな経済的な目的が一致しなくなり、事業成長の機会についてのオーナーたちの態度やリスク志向が一致しなくなるのです。こうした状況は個人的な人間関係や、エージェンシー・コストを減らすはずのガバナンスによって増幅されることがあります。

エージェンシー・コストは、ファミリーの構成員でない少数株主により一層大きな影響を与えます。支配的なファミリー・グループが、外部株主を犠牲にして自分たちの利益のために行動する力と動機を持っているからです。

エントレンチメント

ファミリー企業では、これは前述した「経営者のエントレンチメント」とその後のエージェンシー問題となって表出します。エントレンチメントは、ファミリー出身の経営執行者が不均衡に大きな力を持っているときに生じます。経営者のエントレンチメントはファミリー企業に限ったことではありませんが、ファミリー企業においてより多く見られます。

ファミリーの関係性から生じるエントレンチメントの問題は、エージェンシー・コストを増やしがちです。なぜなら、ファミリー企業には、ファミリーのメンバーを業績にかかわらずエージェントとして雇用し、解雇のリスクから切り離す傾向があるからです。そうした関係に基づいた契約には、お互いへの期待が含まれており、その期待はファミリーの非経済的な目的や感情に基づいている場合が多いです。つまり、ファミリーの絆によって、経済的合理性から離れたエージェンシー契約が生まれがちなのです。

感情や人間関係のために競争力についての認識を曲げるようなファミリー・グループが存在することが、エントレンチメントがファミリー企業でより多く見られる一因です。固定化された経営者から生じるエージェンシー問題は、どのオーナーも支配権を握らないよう、株式の持ち合いをしているファミリー企業ではよく見られます。経営者がエントレンチメントを正当化する例としては、よくない業績を隠す、意思決定を正当化するために外部コンサルタントを雇う、バイアスのかかった情報を流す、経営者独自の能力を基盤とした事業戦略を立ち上げるなどして、経営者を交替させられないようにするなどがあります。間違いなく、誰もがこうした例を自分の会社で見たことがあるはずです。

エントレンチメントは「ホールドアップ問題」という形で、大きなエージェンシー・コストにつながる可能性があります。ホールドアップ問題は、ファミリー出身の経営者が自らの能力ではなくファミリーとしての地位を基盤として不釣り合いな力を握っているとき、オーナーを黙らせて、自分の利益を優先させるよう会社に求めるというものです。固定化されたファミリーの経営者は、社内や時には社外の取締役たちが恩義を感じるようにもできます。この状況は取締役会の自律性を脅かし、監視役としての効力を弱めます。やがては、ファミリーのＣＥＯがそれだけの力もないのにその地位に長くとどまり、エージェンシー・コストは上昇し、会社の業績に悪影響を及ぼすのです。

このような状況でファミリーの経営者がその権利や影響力、権力を強化すると、さらにエントレンチメントが進み、株主全体の利益にマイナスの影響を及ぼします。固定化されたファミリーのメンバーは、過剰な報酬や特別配当などの形で利益を自分たちの間で再配分することができ、それは従業員の意欲や生産性に悪影響を与える可能性があります。エントレンチメントから生じるモラルハザードの例としては、たとえば以下のようなものが挙げられます。

1 経営陣が長期目標ではなく短期的な利益を重視する
2 イノベーションに後ろ向きになる
3 当該経営陣のイメージを高めるようなお気に入りのプロジェクトを推し進める
4 利益を犠牲にして売上を最大化しようとする
5 幹部の特権をふりかざし、うぬぼれる

エントレンチメントは、ファミ

Framework 5-1
エージェンシーの概念

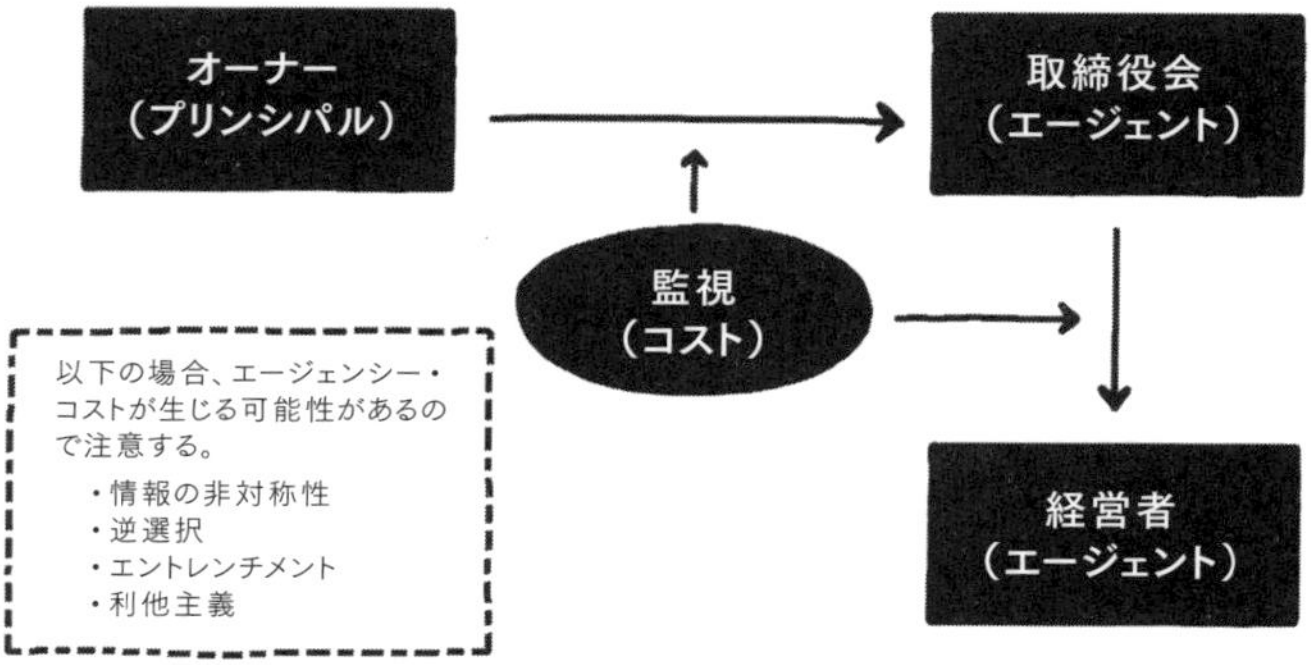

リー企業において利他主義と逆選択の問題を悪化させる可能性もあります。利他主義は、一般的には他人の幸せを思って行う行動や考え方を指します。しかし、ファミリー企業では、ファミリーのメンバーに対する利他主義がエージェンシー・コストにつながる場合があります。たとえば、固定化されたリーダーがいて、ファミリーの構成員それぞれの業績にかかわらず、全員に平等に報酬を与える権限を持っている場合などです。

逆選択もエージェンシー・コストにつながる可能性があります。なぜなら、外部の人材が幹部になれるチャンスが限られるからです。幹部のポジションに外部の有能な人材を採用せず、ファミリーで固めてしまうのです。能力が不確実な少数のファミリーから選ぶ結果、逆選択が生じ、研究開発が重要な業界では特に重大な影響を及ぼします。

エージェントがスチュワードであった場合の利点

エージェンシー問題について基本的な理解をすると、スチュワードシップの重要性をよりよく理解できるようになります。わたしの場合もそうでした。だからこそ、スチュワードシップの概念が、ファミリー企業のリーダーの心構えとして不可欠なものであると考えるようになったのです。

スチュワードシップは次のように捉えるとよいでしょう。

エージェント（つまり、プリンシパルが自らの代わりに働くよう指名した人たち）がスチュワードシップを備えている（スチュワードである）場合、その人は経済的で個人主義的な行動ではなく、社会的で集団主義的な行動をとることによって大きな幸福を感じる、ということです。自分のためになる意思決定か、あるいは、より組織や皆のためになる意思決定かの選択に迫られたとき、スチュワードは後者を選びます。そうしたほうがより大きな幸福が得られるからです。

言い換えると、スチュワードは自分が受け取るよりも多くを与えます。なぜなら、彼らは異なる評価軸、たとえば、事業やファミリーの継続性などで動いているからです。そして、こうした組織内の人間関係を中心としたコラボレーションは、組織を重視する行動を促し、信頼感を醸成します。

こうしたスチュワードシップはいくつかの側面に分解できます。スチュワードシップとエージェンシー理論の違いを生み出す、心理的な側面は次の三つです。

1　内発的モチベーション
2　事業との一体感
3　個人としての力

これらの点については、（組織ではなく）個人の観点から検証を行う本書の後半部分で説明しますが、ここでも少しだけ触れておきましょう。個人の観点から捉えるスチュワードシップでは、まず内発的なモチベーションに注目します。内発的なモチベーションとは、たとえば自身の成長や努力の成果を求める気持ち、協力関係、自己実現への欲求などです。

こうした高次元の欲求を満たそうと、組織のためにより懸命に働き、それによって彼らの行動とプリンシパルの利益が一致すると、利己主義が生じる可能性は減少します。個々のエージェントが内発的な報酬を重視すればするほど、組織の利益から乖離する可能性は減るのです。反対に、外発的なモチベーションで行動するエージェントは、より実質的な報酬に価値を見出します。そうした状況では監視の必要性が高まり、エージェンシー・コストが増加します。

続いて組織レベルの話をしましょう。

組織レベルでのスチュワードシップ

スチュワードシップの理論や、その個人的（心理的）レベルのコンセプトを研究した人たちは、組織的（状況的）なレベルでも、スチュワードシップに関して三つの要素を挙げています。

1　組織が個人主義よりも集団主義を重視している
2　従業員の地位による権力の格差が小さい
3　従業員を巻き込む風土

Framework 5-2に、これをまとめました。

スチュワードシップのある組織では、個人主義的な文化ではなく集団主義的な文化を採用します。この点は間違いなくファミリー企業にかかわっている人なら共感するところでしょう。個人主義的な文化では、個人の目標や目的の達成が重んじられます。行動は短期

Framework 5-2
スチュワードシップの再定義

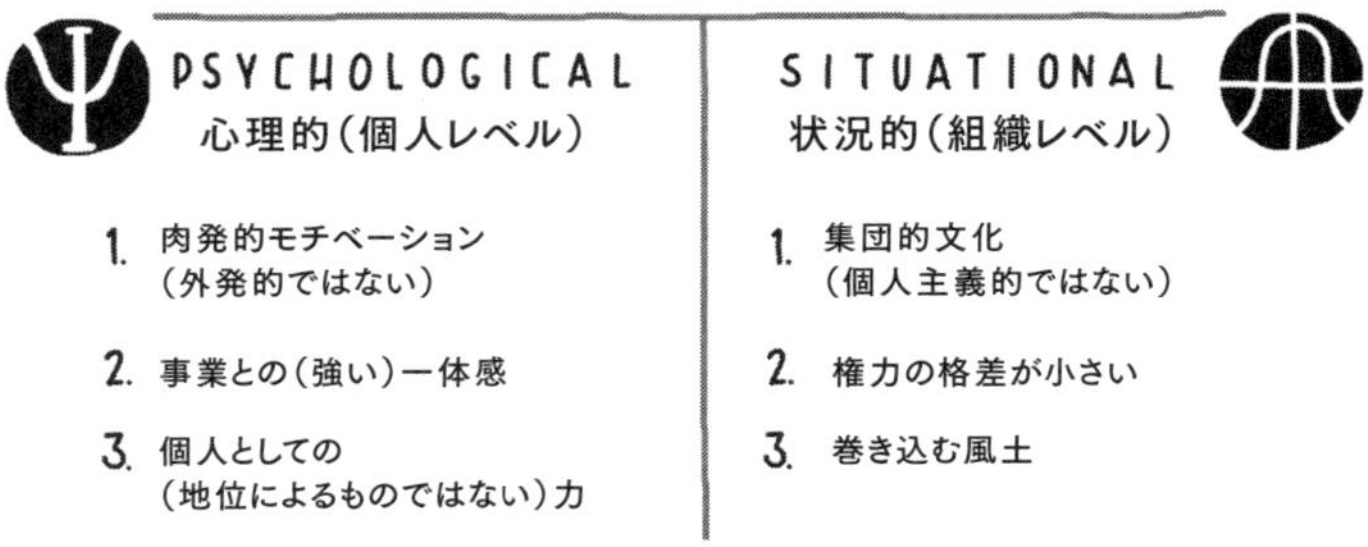

的に評価され、費用対効果分析の観点から判断されます。反対に、集団主義的文化は、グループのアイデンティティや、組織に所属している感覚、組織目標の重視などが特徴となります。集団主義的な文化に属する人々は、自分たちを組織の一部として定義します。ファミリー企業にとっては腑に落ちる話であり、わたしがスチュワードシップに関心を持つのもこうした背景からです。しかし、まだ先があります。

権力の格差、つまり、組織内の地位によって権力に差が出ることを、組織の力の弱いメンバーが受け入れるかどうかも、スチュワードシップを判断する柱の一つとなります。権力の格差が大きな組織では、次のような特徴が見られます。

1　力の弱い人たちは、大きな力を持っている人たちに依存する
2　高い地位にいる人たちにはステータスと特権が与えられている
3　高い地位にいる人たちへの服従と尊敬がある

反対に、権力の格差が小さな組織では、対話は平等主義的で、不平等は排除され、組織のメンバーは平等に扱われます。基本的には、こうした平等が推進され、プリンシパルとエージェントとの間で権利が共通するよう図られているとき、つまり権力格差が小さいときに、スチュワードシップの存在が確認できます。

組織のレベルでの三つ目の側面は、「従業員を巻き込む風土」がどの程度あるかです。これがあると、組織の問題解決のために、従業員が新たなアイデアやアプローチを生み出すよう求められ、それによって自己コントロールと自己マネジメントの労働環境が生じます。別の言い方をすると、巻き込む風土がある経営環境では、人々が最大限の力を発揮することが認められ、そうするよう励まされるのです。

組織レベルでのスチュワードシップの事例〈マーケット・バスケット〉

こうした組織レベルでのスチュワードシップの概念（集団主義的文化、権力格差の小ささ、従業員を巻き込む風土）が実感できるよう、あるファミリー企業の例を紹介します。その企業は瀕死の状態でしたが、スチュワードシップの各側面を実施することにより、その状況を切り抜けたのです。取り上げるのは、米国ニューイングランド地方のディモーラス・ファミリーが運営する企業です。わたしはボストンの大学教授に頼んでＭＢＡの学生を集め、その展開を書いてもらいました。以下は、その原稿に編集を加えたものです。

ディモーラス・スーパーマーケットの子会社、マーケット・バスケットは、低価格で高品質な食品を米国のマサチューセッツ州、ニューハンプシャー州、メイン州の店舗で販売している。本社はマサチューセッツ州テュークスベリーにあり、業界としてはスーパーマーケット業界とその他の食品店（コンビニエンスストアを除く）の業界に属している。現在七三店舗を運営している。

表5-1に、一九一七年の創業以来の同社とファミリーの歴史が記してある。そこからもわかるように、マイク・ディモーラスと息子のアーサー・T・ディモーラスのリーダーシップの下、同社は地域の小型店舗から、売上四〇億ドルのコングロマリットへと成長した。この過程で、特にアーサーTがCEOだった期間は、同社は従業員や地域社会などのコミュニティとのつながりを大切にした。

アーサーTはCEOだったあいだ、集団主義的文化、小さな権力格差、従業員を巻き込む風土といったスチュワードシップの側面に沿う形で経営を行った。アーサーTはスチュワードシップを育むことの重要性を非常によく理解していた。会社の資源をコミュニティの人々の生活の改善に投資し、事業によって創出された利益を分け合うことで、彼は意識的にエージェンシー・コストを減らそうとした。

二〇一四年三月に、アーサーTはいとこでマーケット・バスケットの取締役会長のアーサー・S・ディモーラスによって解雇された。アーサーSはアーサーTを、会社の資源を浪費し、彼の側のファミリーに有利な取引を行ったとして責めた。

アーサーSは、事業へのアプローチがアーサーTとまったく異なっていた。スチュワードシッ

1980	マイクはエバンシアを取締役会から外した。彼女が結婚している男性と交際していることがわかり、取締役として適任でないという理由だった。ジョージの死後、マイクは何年かかけてジョージの株式の多くを自分名義にし、資産を自分の側やマーケット・バスケットのチェーンに移した。驚いたことに、こうした行為はジョージの死後6週間頃から始まっていた。
1990	会社の支配を巡るファミリーの争いが、公の場に持ち込まれることになった。ジョージの息子の一人、アーサー・S・ディモーラスが、マイクはチェーンの資産を自分の側だけが所有している店に移していると告訴したのだ。この裁判は、米国の司法史上、最も長く、費用もかかり、醜い争いの一つとなった。最終的に、マイクはジョージ側の親戚に2億600万ドルを払わなければならなくなった。裁判所は、株式の過半数にあたる50.5%を、ジョージの相続人のものとした。
2008	ジョージの義理の娘、ラファエラが、取締役の選任でマイクの息子であるアーサーTに投票した。アーサーTは事業のプレジデントになった。
2013	ラファエラはアーサーSに投票し、アーサーSが取締役会の代表となった。
2014（夏）	アーサーSの求めにより、取締役会はアーサーTを解雇し、代わりに共同CEOとして、フェリシア・ソーントンとジェームズ・グーチを就任させた。従業員や熱心な顧客などの支援者たちは、マーケット・バスケットの本社付近でデモを行い、アーサーTの復帰を求めた。この争いには、キャッシャーから店長まで2万5000人の従業員のほぼ全員が参加した。
2014（秋）	アーサーTはバラバラになった会社の支配権を取り戻そうと、対立する側のファミリーから50.5%の株式を買い取ると申し出た。

表 5-1
マーケット・バスケットにおける主な出来事

年	出来事
1917	ギリシャからの移民のアーサー・ディモーラスと妻のエフラジーンが、マサチューセッツ州ローウェルに食品店を開店。これがのちの食料品店チェーンのスタートとなった。
1938	銀行が「100ドルの返済を行わなければ、担保権を行使する」と迫ってきた。息子のテレマコス、通称マイクが学校を辞めて店で働くことで、ファミリーは返済資金を集めて事業を継続できた。
1954	長男のジョージが兵役から戻り、事業に加わった。兄弟二人は15年で、小さな地域の食品店を現代的なスーパーマーケット・チェーンに変え、店舗数は15店舗、売上高は90万ドルとなった。 創業者夫妻には子どもが6人いたが、二人は事業をジョージとマイクに売却した。
1964	マイクとジョージと二人の妻が、オフィスに集まって互いの遺言書に署名をした。遺言書では、マイクとジョージが互いの資産の執行人に指名されていた。このミーティングでマイクとジョージは、口頭で次の約束をしたとされている。「二人のうち長生きしたほうが、もう一方の家族の面倒を見て、ファミリーの資産が二つの家族のあいだで平等に分けられるようにする」
1971	7月27日、ジョージ・ディモーラスが、ギリシャでの休暇中に突然亡くなった。ジョージの死に伴い、マイクが会社の主導権を握ることとなった。エバンシア（ジョージの妻）が株式の半分を取得し、息子のエバンとともに取締役会に加わった。二人は、ファミリーの家長として信頼されていたマイクに、事務的な仕事をすべて任せた。ジョージの死後、子どもたちが成長しても、彼の家族は完全にマイクに頼り切り、事業のセンスを身に付けることはなかった。マイクはディモーラス・スーパーマーケットの運営を監督し、一方で新しいチェーンも立ち上げた。今日では「マーケット・バスケット」として知られているチェーン店である。マイクによると、マサチューセッツ州の法律では、一つのチェーンが取得できる酒類販売免許の数が限られていたため、新チェーンの設立でその規制を回避しようとしたという。

プの各側面が正反対だったのだ。コミュニティに投資する代わりに、アーサーSは株主へのリターンを重視した。二〇〇一年から二〇一一年までの間に、アーサーSの側は配当金として四億二五〇〇万ドルを受け取った。アーサーTを解雇してすぐ、アーサーSはマーケット・バスケット運営のために、二人の共同CEOを外部から雇った。ファミリーではなく、食品小売業界にいた人物でもなかった。

しかし、アーサーTのコミュニティへの投資はすぐに報いられることとなった。アーサーTの復帰を求める声が高まり、何度もの集会が開かれ、それが無視されるとアーサーTに忠実だった長期勤続の従業員たち、特に店舗運営と配送のスタッフが、ストライキを始めたのだ。その結果、同社のサプライチェーンは四一日間機能しない状態が続いた。

この間、マーケット・バスケットは営業を続けてはいたものの、生鮮食料品がすぐに底をつき、他の商品もだんだんとなくなっていった。長いあいだ店舗を利用していた顧客も、この状況を見て店での買い物をボイコットし始めた。

多くの論争や議論が行われたあと、最後には従業員やサプライヤー、顧客の側が勝利した。アーサーSの側は、アーサーTによる買収提案を受け入れ、会社の経営権を放棄してアーサーTに戻した。アーサーTが経営権を取り戻し復職すると、ほぼすべての従業員、サプライヤー、顧客が一斉に戻ってきて、マーケット・バスケットは短期間で事業を再開した。

アーサーTの行動はスチュワードシップの多くの側面と一致するように思われます。彼は、コミュニティが事業にとって非常に重要だと考え、マーケット・バスケットのコミュニティのメンバーとの関係維持に努めました。そうすることで、マーケット・バスケットでは適切なバランスがとれていたのです。

スチュワードシップを継続することによって、大きな「価値」が得られるというまた別の証拠が、この物語の最後で見られました。二〇一四年八月二七日、アーサーTの側はアーサーS側が持っていた株式を一五億ドル以上で買い取ることで合意しました。会社全体を三〇億ドルと評価したのですが、この額は二〇一三年の同社の利益の一三・八倍でした。上場食品店チェーンのPEレシオ（株価収益率）が九・八倍から三八・二倍[1]であることを考えると、かなり低めの評価額です。つまり、アーサーTの側が比較的よいディールを手にしたということです。彼がいなければ実質的に店を運営できなかったことを考えると、当然とも言えるでしょう。

経済的な富と非経済的な富

スチュワードシップの実例を示すためにディモーラス・ファミリーの例を挙げましたが、これには実はもっと深い狙いもありました。それは、わたしが心から信じていること、つまり「ファミリー企業は経済的な富と非経済的な富の創出に携わる」ということ、言い換えると、

(1) Fulcrum. 2015. Valuation guide: Grocery stores. http://www.fulcrum.com/grocerystores_appraisal/.

「オーナーは会社の長期的利益にコミットし、会社の存続を確実なものとするため、経済的な面だけでなく、道徳的・社会的な面も考えて意思決定をする」ということを示したかったのです。これを実現するには、自社が事業を展開している社会と継続的なパートナーシップを結ぶしかありません。わたしは、ファミリー企業だけでなく、すべての企業が、経済的な問題と非経済的な問題の両方を見ながら事業を行うべきだと考えています。

マーケット・バスケットのケースとディモーラス・ファミリーの物語からもわかるように、うまくいかなかったファミリーの状況からこそ学ぶ必要があります。わたしは成功したファミリーの事例だけでなく、事業継続の複雑さに対処できなかったファミリーの事例からも学んでいます。このファミリーにもわたしが知り得た以上に多くの出来事があったことでしょう。

いずれにしても、ファミリーにおいても事業においても、エージェンシー・コストが生じる可能性を減らすことは、リーダーが優先して行うべきことで、そのための一つの方法がスチュワードシップの促進です。つまり、エージェンシーとスチュワードシップについて、十分に理解することが大切なのです。

第5章のまとめ

スチュワードシップをファミリー企業で推進することは、経済的な面でも、非経済的な面でも有益です。しかし、真にスチュワードシップを理解するには、エージェンシー理論のコンセプトにも親しむ必要があります。特にファミリー企業のリーダーに関係するのは、エントレンチメント、（一族内での）利他主義、逆選択です。これらはファミリー企業のリーダーに限った問題ではありませんが、これらをいったん理解すれば、前述したアーキテクチャーをよりよく検討して、不要な（エージェンシー）コストをうまく減らすことができます。

AGESフレームワークにおけるスチュワードシップの重要性をサポートする研究として、わたしが非常に気に入っているのが、ダニー・ミラーとイザベル・ル・ブレトン＝ミラーによる二〇〇五年の研究です。彼らはスチュワードシップには次の三つの優先事項があると論じています。

1　事業の継続性
2　従業員のコミュニティ
3　顧客とのつながり

マーケット・バスケットのストーリーも、この点を裏付けていると思います。

三つの学び

・何世代にもわたるレガシーを築くことに集中する
・長期の社会的価値と経済的価値の創造について、責任を受け入れる
・幅広いステークホルダーのためにリターンを創出する義務を引き受ける

ケーススタディ【スチュワードシップ】

ファミリー・ファスナー・ファーム（ＦＦＦ）の二世代目の長男は、二〇〇九年に同社の社長に就任した。ＦＦＦは、彼の父親がその三〇年前に買収した企業で、五〇〇〇万ドルの規模

に育っていた。

二〇一二年には、第二世代の三人すべてが同社に加わることとなり、真のファミリー企業となった。三人の父はＣＥＯと取締役会議長の地位にとどまっていた。長男は社長に就任してから三年間、リセッションを切り抜け、大型の企業買収を実施し、幹部や父、きょうだいたちとの関係を維持しながらも、彼ならではのリーダーシップ・スタイルを築いていった。売上高は七八〇〇万ドルになっていた。

三人きょうだい全員が事業に参加したいま、長男はきょうだいのコーチのような役割となった。きょうだいが自分の指導を受け入れ、一方で自分のアイデアや意思決定に挑んでくることを、長男は感謝していた。三人の議論からは貴重な意見が生まれ、長男はそれを他の経営陣にも伝えた。同時に、きょうだいや親戚が昇進していくにつれ、彼らと対応する際には指導と謙虚さ、サポートのバランスをとるようにした。

社長である長男は、父が「心と直感で」会社を運営してきたと考えていた。しかし、それよりも「心と頭で」運営するほうがいいと考えた。長男は父親の性質（たとえば、顧客や従業員への思いやりなど）を受け継いでいたが、自分自身のアプローチ（たとえば、より分析的であるなど）も取り入れていた。そうするほうが、よりスムーズにリーダーシップを移行できるのではないかと考えたからだ。

これを反映して、長男は他の経営陣に「プロ経営者」のように見られることが多かった。長男は部下に権限を委譲し、時には重要な意思決定を部下に任せた。従業員のキャリアの育成に強い関心を持ち、いくつもの業績評価指標を設定した。さらには、取締役会で自己啓発について述べ、人事部とともに人材育成のアンケートを作成した。従業員の育成を同社の企業文化の柱にしたいと考えていたのだ。

長男は、「サーバント・リーダーシップ（サーバントは「奉仕する人」の意）」の概念をベースにしたリーダーシップ哲学を持っていた。組織の意欲とパフォーマンスを高く保つために、チームと組織に奉仕することを最優先にしていたのである。このアプローチの中心となる考え方は、リーダーシップとは目的地というよりも、旅の過程であるというものだ。長男は言う。「一貫性が重要だ。もし、その時々によって違う性質の人間だったら、特にファミリー企業ではうまくいかない。自分のアプローチを信じていなかったら、それはすぐに見透かされる」

こうした考え方から自然に発生するのが、事業やファミリー全体が、個人や部分よりも重要だという思いだ。サーバント・リーダーはこの考え方を信じ、ファミリーや事業のために自分の利益は後回しにする。長男はこのアプローチが、ファミリー企業にはより自然にフィットすると考えていた。ファミリー企業では、全体にとっての利益の重要性が見えやすいからだ。

長男は四点からなるＦＦＦウェイを作成した。

1　サーバント・リーダーシップを実践する（謙虚さ）。全従業員が協力し合って高い意欲を持ち、一人に責任を負わせる仕事をつくらない。たとえば、ＦＦＦでは全員が他の人々を思いやる責任を持ち、オフィスと工場を清潔に保つために、全員が協力し合う

2　その日のうちに返事をする（献身）。社内あるいは社外の顧客からの質問に対して、その人を待たせたままにしないよう、すばやくコミュニケーションをとる。このレベルの注意を払うには、真の献身が必要になる

3　真実を話す（誠実さ）。業績報告や人と人とのやり取りなど、社内のコミュニケーションにおいて透明性を保つ。「オフィスのドアを入るときも、家のドアを入るときも、同じ人間であるようにすることだ」

4　あと一マイル先に進む（情熱）。顧客や同僚に対して、予想外の、思いやりのある行動を取る

自分自身については、「一貫性を保とうと励んでいる」と彼は言う。「経営陣や取締役会に対してだけでなくファミリーに対しても、三六〇度、どこから見ても説明ができるようにしている。わたしは自分自身に忠実でなければならないし、それを事業やファミリーにとって有効なことと調和させなければならない。ファミリー企業を贈り物であると考え、それに心から感謝することが重要だ」

ケーススタディからの学び

- スチュワードシップは個人としてだけでなく、組織として実践することができる
- スチュワードシップには、個人、従業員、組織などのレベルがある
- スチュワードシップをもってリーダーシップに取り組むことが、すべての関係者に配慮した事業運営を行うことにつながる

このストーリーは、次のケーススタディを基に作成された。
Brent C. Stern, Carol Adler Zsolnay, and Sachin Waikar, ATF, Inc.: Fasteners and Family, Kellogg Case #5-113-004, published 2016.

第II部

ファミリービジネスを率いるための リーダーシップ

PART II

第6章

リーダーとしての役割

時たまの失敗もしないのであれば、それは十分に努力していない証拠だ。

——アーサー・オークス・サルズバーガー・ジュニア
ニューヨークタイムズ　第四世代リーダー

ファミリー企業のリーダーが、リーダーとなる準備をするとき、またリーダーとなったとき、そしてそこから離れるときに、それぞれどんな能力とマインドセットを持ち、それを伸ばしていくのか。そこにわたしは長年注目してきました。リーダーのマインドセットによって、どの能力を重視するかが変わってきます。そして、そのマインドセットには、リーダーになるためにどんな準備をしたかが影響します。

学びを重視するファミリーでは、一族内の人材の能力が高くなる傾向にあります。この「学び」は早めにスタートし、リーダーとして

Framework 6-1
4Lフレームワーク

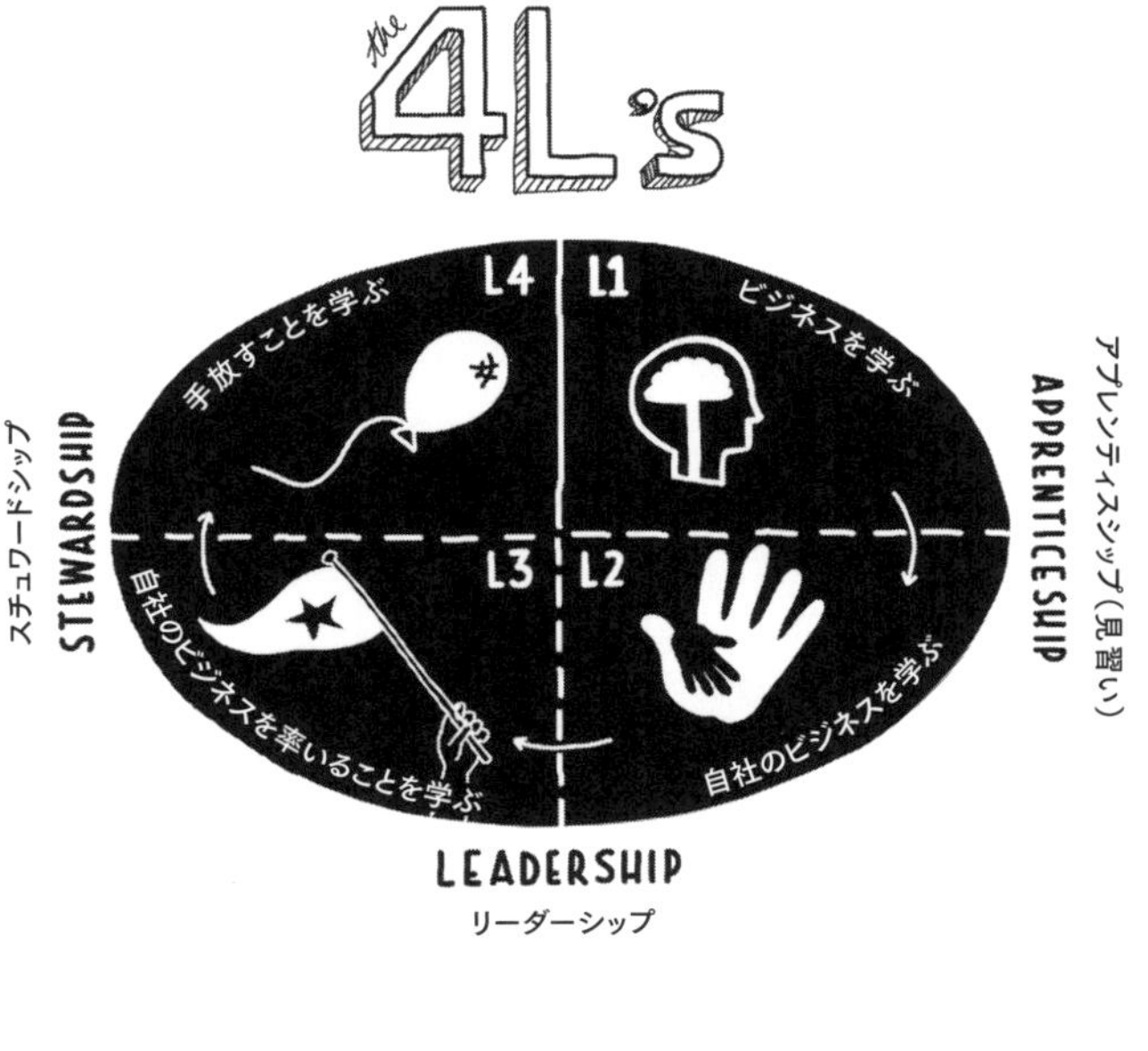

成長する過程でも継続していくと、より効果があります。

本章では「４Ｌフレームワーク」を紹介します。これは、リーダーの成長過程を次の四つの段階で考えるものです（Framework 6-1を参照）。

1　ビジネスを学ぶ（Ｌ１）
2　自社のビジネスを学ぶ（Ｌ２）
3　自社のビジネスを率いることを学ぶ（Ｌ３）
4　手放すことを学ぶ（Ｌ４）

これらの学びの各段階において、優先的に学ぶべきことと、その学びにおけるパラドックス、そしてそのパラドックスに対処するために成功している企業が編み出してきた方法を紹介します。

Ｌ１　ビジネスを学ぶ

事業を運営するにあたって、すべてのリーダーは基本的なスキルを学ぶ必要があります。そうしたスキルの多くはどの事業にも共通するもので、ファミリー企業であるか否かを問いません。

しかし、ファミリー企業のリーダーには、単に自社が企業のライフサイクルのどの段階にいるかを認識するといったことだけでなく、それ以上の知識が必要になります。認識しておくべきなのは、ファミリー企業の運営には独特な知識が必要だということ、そして、それらの知識を学ぶプロセス自体が非ファミリー企業とは異なるということです。

将来のリーダーに必要な、基本的なビジネススキルとしては、次のものが考えられます。

- 自己管理のスキル
- 人間関係のスキル
- 実践的な知識
- 継続的な学び
- 創造力

ファミリー企業に携わるには、自己管理、特に自制心が重要になります。人間関係のスキルも欠かせません。ビジネスに関する専門的なスキルはそこまで重要ではありませんが、軽視することはできません。

これらのスキルは、社内で学ぶべきか、あるいは社外で学ぶべきかという質問をよく受けます。この学びに関する「社内・社外」の切り口こそが、最初のパラドックスです。この点に関しては、『聖書』の放蕩息子のたとえ話になぞらえることができるでしょう。息子が父親の元を去り、やがて帰ってくるのですが、それまでに長いあいだ姿を消し、父から引き継いだ財産を浪費して、もう帰ってこないものだと思われていました。「外に出ること」は、重要な学びの機会ではありますが、ファミリー企業にとっては脅威となる可能性もあります。

それでも外に出ることは重要です。なぜなら、ファミリー企業の中では得られない、幅と深さのある視点を身に付けられるからです。また、ファミリーのメンバーを昇進させるには、それにふさわしい人物であることを証明する必要があり、社外で成功することでその裏付けができます。しかし、社外に出ることはファミリー企業の存続に脅威をもたらすことにもなります。なぜなら、事業運営を学ぶためにファミリー企業を離れた人物が、ファミリー企業に戻らない選択をする可能性もあるからです。

この「社内・社外」のパラドックスから抜け出す有効な道筋は、一つしかありません。それは「とにかく、外に出てみる」ことです。ファミリー企業で将来経営を担う人は、キャリアの早い段階でいったん外に出て、ファミリー企業に貢献するために力を付けることが一般的に受け入れられています。わたしの知り合いのリーダーたちも、このやり方をすすめています。組織がライフサイクルのどの段階にいるかにかかわらず、ある程度の期間外に出ることをよしとしていくのです。しかし、ファミリー企業のライフサイクルの段階によって、どこで社外の経験を積むべきかが変わってきます。たとえば、ファミリー企業が成熟に向かおうとしているとき、その転換を支えるための経験や学びを社外で得れば、それは非常に価値があるものとなるでしょう。

リーダー候補がいったんファミリー企業から離れるうえで、ファミリーのメンバーがいくつか対処すべきことも生じます。たとえば、不確実性を受け入れること、リーダー候補がファミリー企業に戻って来られる道を確保しておくことなどです。

L2　自社のビジネスを学ぶ

社外で経験を積んで戻ってきた見習いのリーダーは、単にそれまでと同様の学びを続けるだけではなく、それ以上のことに取り組みます。ファミリー企業で働くには、自社のビジネスを学ぶ必要があるからです。

自社のビジネスを学ぶということは、そのビジネスの価値観を理解し大切にすること、またその価値観の創出にかかわった人たち、あるいはいまもかかわっている人たちの価値観を理解し、大切にするということです。

わたしの経験でも、ビジネスを全般的に学ぶことと、自社のビジネスを学ぶことは異なるものでした。自社のビジネスに関して、特別な価値観となっているものは何だろうかと考えるとき、新たなパラドックスが生まれます。このパラドックスは、どのようにして「変わらない感覚」を保つかという問いから生じます。オーナーや顧客がこのファミリーの事業を以前と変わらぬものだと感じるようにし、一方で急速に変化する世界に対応しなければならないのです。

わたしは事業に加わる以前から、上の世代に学んでいました。父と祖父からは、懸命に働くことと決断力の価値を学びました。父からは、失敗をしたときには率直に認める必要があることも学びました。実際、わたしは数々の失敗をしてきました。

さらに、過去からの伝統を継続することも、わたしの学びの重要な点でした。わたしたちのファミリーで価値観の継続の例としてよく挙げられるのが、負債の活用です。学者やコンサルタントは、ファミリー企業は通常、一族以外の人々が株式を持つのを好まないと言います。なぜなら、ファミリー企業の一般的な財務方針は、独立性を失うリスクを最小化する、というものだからです。これは、ファミリー企業が成長のための資金として、外部株主の資金ではなく、留保利益や借入を好むことにも表れます。このことはファミリー企業の「戦略的保守主義」と表現されてきました。この言葉はマクダフ家の事業や価値観にもよく当てはまります。

ファミリー企業での負債の活用は、自社のビジネスを学ぶ際のパラドックスを反映しています。自社のビジネスを学ぶということは、一つ目の段階で学んだ一般的なスキルを超えて、何が自社の事業で特別なのかを学ぶことです。ファミリー企業では、これは「永続的な価値観」です。事業についての価値観や個人的な価値観がファミリー企業で大切にされ、受け継がれてきており、それを学ぶということです。しかし、ライフサイクル上のポジションによって企業の成長ニーズは変化し、価値観も「変化して継続される」傾向があります。つまり、次世代のリーダーは、ファミリー企業の価値観、負債へのどちらかと言えば慎重な姿勢も含めた価値観を受け入れ、それによって自分が特別なものの一部であるという自覚を持ちます。自社の価値観は特別だから、受け継いでいかなければならない。しかし、すべてを前の世代とまったく同じように行うべきだというわけではないのです。

創業者の価値観と信念は錨のようなもので、それがあるからこそ、組織が世界とかかわるなかで新たな学びを取り込んでいけるのです。最近では、過去とのつながりを維持し、同時に創業者のビジョンを取り入れてそれを実践することが、ファミリー企業においてまだ十分に活用されていない非常に大きな価値だと説く人もいます。何世代にもわたるファミリー企業を真に維持するためには、優れたマネジメントとガバナンスの他に、ファミリーが自立し、自己規制のできる組織であることが求められます。独自の価値観と意味を持った文化によって、お金によらないモチベーションを得られるようにするためです。

一般にファミリー企業のリーダーは、自社が重要な伝統的要素を他の多くの企業よりも多く持っていることを認識する必要があります。伝統はファミリー企業にとって不可欠な要素なので、それを尊重することは非常に重要です。一方で、事業を継続するためには、伝統から生まれてきた手法をあえて変更することも欠かせません。

したがって、自社のビジネスと価値観を学ぶうえでは、わたしは次の概念に従っています。わたしたちは「変わらない」。ただし他社とは「異なっている」。

振り返って、実行してよかったと思うのは、前世代の具体的な個々の戦略ではなく、前世代の幅広い経営哲学を時間をかけて学び、それを維持したことです。わたしがこのファミリー企業に特有なパラドックスに対処する方法は、価値観を大切にし、それを慎重に受け継ぐ一方で、その価値観を異なった形で継続していく必要があると意識することでした。加えて、わたしがリーダーになる過程で学ぶ必要があったのは、ファミリー企業であることが生み出す企業価値です。

L3　自社のビジネスを率いることを学ぶ

4Lフレームワークは、ビジネスを学ぶ→自社のビジネスを学ぶ→自社のビジネスを率いることを学ぶ、という順序で進んでいきます。

いよいよリーダーシップを学ぶ段階に来ましたが、ここで次のような新しい問いが浮かんできます。

・リーダーシップとは何か
・ファミリー企業で将来オーナーや経営者になる人が、リーダーシップに関して特に学ぶべきことは何か

さまざまなタイプのリーダーシップについて、多くの研究が行われてきました。それらは事業のライフサイクルとどう関係し、ファミリー企業とはどう関係するのでしょうか。

ファミリー企業を率いるために必要なアイデアは、その企業の外で働くことによって、また事業環境を常によく観察することによって得られます。反対に、ファミリー企業を率いるための価値観は企業の内部でファミリーから学び、社外で得た知識をファミリー企業特有の状況に適用することで学びます。これは、もちろん簡単なことではありません。では、この二つのシステム、つまり事業とファミリーの両方が互いの力となるようにするには、リーダーにはどんな洞察力が必要になるのでしょうか。

一つには、事業のライフサイクルに照らして、事業上のニーズを判断する力が挙げられます。事業のライフサイクルによって変化が生じることは、「変革型リーダーシップ」と「取引型リーダーシップ」の違いが一般の企業だけでなくファミリー企業にも関係があることを示唆してい

ます。現状においては「取引型リーダーシップ」が適していても、ライフサイクルでもっと進んだ段階に移行する必要があると判断したときに必要となるのは、「変革型」であるというのが一般的な考え方です。

ファミリー企業を率いるための洞察力を持つことは、この移行段階では非常に重要です。その洞察力があれば明らかに矛盾する複数の経営と管理のアプローチを同時に使えるようになるからです。これと似ているのが、「正式ではない正式」の概念です。つまり、正式なコントロールと正式ではないコントロールを同時に実行するということです。これもパラドックスです。

ファミリー企業を率いるための、たしかな道筋はありません。それはわたしが自ら実感してきたことでもあります。リーダーシップとは、単純に何か一つのアプローチを選ぶのではなく、一見正反対のアプローチの間で慎重にバランスをとるということなのです。

ファミリー企業がよりプロフェッショナルな経営を行う、つまり、専門化され、体系化された経営を取り入れる過程で、リーダーは外部人材を招き、公式な取締役会や複雑な情報収集システムなどの仕組みを導入して、意思決定により多くの人が参加できるようにします。したがって、ファミリー企業を率いるには、戦略や組織構造や経営管理体系、つまりアーキテクチャーについての意思決定を通じて、リーダーシップをとる必要が出てきます。

そうなると、ファミリーと事業のステークホルダー全員の正当な利益を尊重しながら事業のニーズに応えるために、次の五つの点を学ばなければなりません。

1　ファミリー企業の経営陣が採用すべき経営管理体系は、外的・内的な環境の要求を満たすもので、会社の発展段階に合ったものとする必要がある
2　戦略と組織構造と経営管理体系が一貫するような、経営のアプローチをとるべきだ
3　経営管理体系は、事業が成長し成熟するにつれ、大胆に変化させる必要がある
4　専門的経営を行うことは、経営管理体系の開発に欠かせない
5　後継者育成計画が存在しないと、専門的経営を実現する組織にならない

取締役会で公式なコントロールをより多く用いることも、専門的経営のプロセスの一部です。取締役会の運営は、ファミリー企業では「正式ではない正式」が維持されるのが一般的ですが、あるリーダーは自社を市場志向にした方法について話したときに、次のように述べています。

（自社をより市場志向にするための）変化の一つは、取締役会の仕組みを変えることでした。これまで、取締役会が効率的だったことはありません。取締役の役割と、経営執行者の役割の間に確執があるのです。たとえば、取締役会は多くの時間を経営陣の業績の監視に使います。一方で経営執行者も自らの業績と事業の業績の監視に多くの時間を使います。明らかな重複です。それに、取締役会が戦略を考える力もありません。多くの戦略を経営陣が決めて

いるのです。

L4　手放すことを学ぶ

すべての組織が世代交代を経験します。それは新CEOの就任、そして前CEOの退任という形をとります。上場企業ではCEOの交代には多くの注目が集まりますが、非上場のファミリー企業でも後継者の育成はかなり大きな問題です。ファミリー企業についての議論では、後継者に関するものがかなりの部分を占めており、ファミリー企業が直面する三つの重要な問題として、「一に後継者、二に後継者、三に後継者」とも言われるほどです。

経営の主導権を手放すことにもパラドックスがあります。なぜならそれは、現CEOが去ったあとで何が行われるべきかを、現CEO自身が計画するということだからです。経営の主導権を手放すことは一つの行為ではなく一連の過程です。これもまたパラドックスですが、リーダーは、「主導権を手放すことにおいて主導権をとる」ために、「手放すこと」を学ぶ必要があります。以下で、この手放すプロセスと、このプロセスに対処するうえでのCEOの学びについて紹介しましょう。

学者たちはファミリー企業のCEO退任のスタイルを、次の四つのタイプに分類しています。

①帝王型
②将軍型
③大使型
④ガバナー型

帝王型と将軍型は、退任の時期が近づいて来ると、次世代のリーダーではなく自分自身のことを中心に考える傾向があります。この自己中心的な視点はスチュワード的な行動を弱めます。特に、アーキテクト（第8章参照）とガバナー（第9章参照）としての行動においてそのような面が出がちです。

一方で、大使型とガバナー型は、アーキテクトとガバナーとしての行動で、よりスチュワード的な行動をとる傾向があります。

この四つのタイプをもう少し詳しく見てみましょう。

①帝王型は、早期に引退する意向はまったくありません。それどころか「王冠をかぶったまま死ぬ」ことを好みます。この「生涯にわたって支配したい」というマインドセットにより、後継者について考える必要性を無視し、次世代の育成を行わないので、帝王の政権が終わるとすぐに混乱が起きることが予想されます。帝王型のなかには起業家として成功した人もいますが、

アーキテクトやガバナー、スチュワードとして成功するようなマインドセットを持っている人はほとんどいません。

②将軍型はしぶしぶ退任しますが、いずれその地位に戻ってくることを企んでいます。したがって、彼らのマインドセットは、「次世代の能力を自ら育成して、その人々に引き継いで引退する」というものではありません。将軍は次世代の失敗を理由として戻ってくることを目論んでおり、次世代のリーダーシップが不十分であるほどその計画がうまく運びます。将軍型は一般的に優れたアーキテクトでもガバナーでもなく、よいスチュワードとして行動する必要性も無視します。

③大使型は、自分の職務の大半を次世代のリーダーに委譲し、一方で「外交的」な、つまり会社を代表するような役割は保持します。このマインドセットは事業から段階的に引退していくという考えに基づいており、現ＣＥＯが次期ＣＥＯの能力を育成することによって可能になります。大使型はＣＥＯとして在任しているあいだ、アーキテクトとしてもガバナーとしても高い能力を発揮します。

④ガバナー型の場合は、その退任日があらかじめ決められて公表されており、それにしたがって退任します。任期が決められているので、その任期を通じて計画が進められます。ガバナー型はアーキテクトとしてのスキルを有し、それがガバナーとしての能力を補完します。さらには、任期が決まっていることから、スチュワードシップを実現するマインドセットが促進され

郵 便 は が き

おそれいりますが
62 円切手を
お貼りください。

1028641

東京都千代田区平河町2-16-1
平河町森タワー13階

プレジデント社
書籍編集部 行

フリガナ		生年（西暦）　年	
氏　名		男・女	歳
住　所	〒 TEL　（　）		
メールアドレス			
職業または学校名			

ご記入いただいた個人情報につきましては、アンケート集計、事務連絡や弊社サービスに関するお知らせに利用させていただきます。法令に基づく場合を除き、ご本人の同意を得ることなく他に利用または提供することはありません。個人情報の開示・訂正・削除等についてはお客様相談窓口までお問い合わせください。以上にご同意の上、ご送付ください。
<お客様相談窓口>経営企画本部 TEL03-3237-3731
株式会社プレジデント社　個人情報保護管理者　経営企画本部長

この度はご購読ありがとうございます。アンケートにご協力ください。

本のタイトル

●ご購入のきっかけは何ですか?(○をお付けください。複数回答可)

1 タイトル　2 著者　3 内容・テーマ　4 帯のコピー
5 デザイン　6 人の勧め　7 インターネット
8 新聞・雑誌の広告（紙・誌名　　　　）
9 新聞・雑誌の書評や記事（紙・誌名　　　　）
10 その他(　　　　)

●本書を購入した書店をお教えください。

書店名／　　　　（所在地　　　　）

●本書のご感想やご意見をお聞かせください。

●最近面白かった本、あるいは座右の一冊があればお教えください。

●今後お読みになりたいテーマや著者など、自由にお書きください。

どうもありがとうございました。

ます。

リーダーが事業から離れるプロセスによって、地位を引き継ぐプロセスが理にかなったものに見えます。たとえ、そのこと自体が「主導権を手放すことにおいて主導権をとる」というパラドックスを含んでいるとしても、です。

しかし、理にかなっているからといって、必ずしも簡単なことではないのです。新しいリーダーが変革を提唱しても、個人レベルや会社レベルの要因によって、変革が混乱し困難になることがあります。これは後継者の問題でもまったく同じです。その結果、承継を含めたどんな種類の変化も、失敗する可能性があります。

同様に、引退したＣＥＯが自分の新たな地位を受け入れず、存在感を示し続けると、継承のプロセスがいつまでも続く困難なものとなります。簡単に言うと、ＣＥＯは進んで追放された人物となり、理想的には、自分が選んだ後継者によって退任させられることを歓迎できなければなりません。

それができれば、後継者は会社の存続に不可欠な存在となります。後継者は通常、長期にわたる指導のプロセスを経て、その時点ですでに意欲的に事業にかかわり、能力を示しています。トップの地位に上り詰めるかなり前から、彼らは優秀であると認識される必要があり、将来は事業を率いる人として人々に信頼される必要があります。同様に重要なのは、新しいＣＥＯは、自らが導入しようとする新たな戦略や経営手法に対して真剣であり、それを実施できるだけの専門知識を持っていると認められることです。

こうしたことすべてを、適切なタイミングで穏やかに行うことは、その大部分が引退するＣＥＯの役目です。自ら進んで、「選ばれた存在」から、「追放された人物」になるのです。

そのため、「リーダーは自らがリーダーでない時期のことを計画する」というパラドックスが生じます。つまり、初期の学びは、業績を上げ、選ばれた存在としての地位を正当化することでしたが、最終段階の学びは、地位のあるリーダーが「元リーダー」となることのなかにあります。しかも、これは早くから、時にはＣＥＯに就任してすぐのタイミングで始める必要があります。しかし、その段階では、経営者が深く会社にかかわることが求められているので、ＣＥＯは意識して気持ちを会社から切り離す必要も生じます。

こうした複雑さはあるものの、このパラドックスから抜け出す道筋で、行うべき仕事はある程度明確です。ＣＥＯの引退に関して早めに計画すること、経営者の育成計画をつくること、プロセス全体の計画を作成し、それに従うことです。また、ＣＥＯの将来の役割を決めておくことも、これに含まれます。できれば、「大使型」か「ガバナー型」のような役割が好ましいでしょう。

ステークホルダーに引退の意向を知らせる方法として、あるファミリー企業の第二世代のリーダーの一人はこんな方法をとりました。彼はファミリーを集めて、「４４０から３３０に移行する」と言ったのです。何かの暗号のようですが、これは引退計画の一環として、週四日、四〇時間の勤務から、週三日、三〇時間の勤務に移行するという意味です。

経営の主導権を手放すことに関する学びには、他の学びの段階と共通するものがあります。それは、事業から離れるという問題は、他のパラドックスと同様に「消えることはない」ということです。しかし、よい知らせもあります。それは、リーダーシップの問題に取り組むうえで、成功しているファミリー企業に共通するパターンが見られるということです。

では、成功したファミリー企業の例を参考に、効果のある方法をいくつか見てみましょう。最も基本的なレベルでは、手放す道筋は次のようにシンプルなものです。

- 引退までの明確なスケジュールを決める
- 経営者の育成の仕組みをつくる
- 計画に従う

一に後継者、二に後継者、三に後継者

先ほど、ファミリー企業についての議論は後継者に関するものが大きな部分を占めてきたと述べました。

後継者問題は、たしかに重要で、独特で、難しい問題です。独特で難しいのは、「あまり頻繁に行うものではないので、上達しない」からです。

一般企業のトップの任期は、一般的にはだいたい三年か五年くらいですが、ファミリー企業では二〇年くらいか、それ以上です。また、後継者問題が難しいのは、多くの人が後継者育成計画とは何かを理解していないからです。

後継者育成計画は、ファミリー企業のリーダーが作成するべき多くの計画のうちの一つです。他には、戦略計画や人材計画などがあります。本章はＡＧＥＳフレームワーク（組織レベル）とＳＡＧＥフレームワーク（個人レベル）を結ぶ章なので、後継者計画について触れるのにもってこいの場所だと思われます。このテーマについて述べた文献は豊富にあるので、ここでは簡単な内容にとどめます。

後継者育成計画は、通常はファミリー企業のリーダーであるＣＥＯの交代に関するものです。加えて、現在のオーナーが去ったときに誰が企業を所有するかという、オーナーの後継者について考える人もいます。しかし、一つの世代から次の世代への移行では、リーダーとオーナーの交代だけでなく、次の七つの分野で承継を行う必要があります。承継に関するどんなプログラムでも、この七点を考慮する必要があります。

1　価値観　変化して継続
2　知識　理論から実践へ
3　人間関係　ネットワーク
4　経営　ミクロからマクロへ
5　権威　売上／コストセンターからプロフィットセンターへ
6　リーダーシップ　事業のマネジメントから戦略的な洞察へ
7　オーナーシップ　実質的なものから感情的なものへ

これらの分野に関して、何を、どのように、いつ行うべきかを、表6-1にまとめました。

権威	地位継承の前に、後継者がさまざまなレベルのポジションを経験する	発展的なキャリアを設計する ● 見習い期間を通じて徐々に（数字的な）責任を委譲する	「トレードオフ」の意思決定ができることが示されたあと
リーダーシップ	後継者が事業とファミリー、自分自身についての知見を得る	長期的な視点を持つよう促す ● 次世代がリーダーとしての役割に備えられるよう意図的に発展的なキャリアを設計する ● 会議では事業の短期的な問題ではなく、事業、ファミリー、自分自身にフォーカスする ●「やるべきことリスト」の最初に事業計画、財務計画、後継者計画と記す ● やるべきことを先延ばししないよう、思いやりのある建設的な批判ができる人を雇ってプロセスをサポートしてもらう ● ファミリーや事業の会議では事業の短期的な問題だけにフォーカスするのではなく、長期的な視点を持つよう促す ● 備えておく、進んで行う、実行できる能力を持つ	事業とファミリーの両方で、ガバナンスの仕組みが確立したあと
オーナーシップ	（可能であれば）現リーダーがオーナーシップ（株式）の一部を次世代のメンバーに委譲する	ファミリーと事業の財務的安全性について計画する ● 財務的に安全性が保たれ、事業の重荷にならないよう前もって準備し引退によって進める ● 相続計画や引退計画を通じて財務的安全性を確立する ● 現リーダーが最も重視する結果にフォーカスする ● 株式の委譲計画と事業を整えるため、専門家（会計士、弁護士、ファイナンシャル・プランナー）のアドバイスを受ける	スケジュールを決めそれに従う

表 6-1
後継者育成計画

分野	何を	どのように	いつ
価値観	後継者がファミリーと同じ価値観を示す	伝え、教育する ●価値観について合意しビジョンを共有するためファミリーの会合を開く ●競争優位の源となる家族の価値観を強化する ●事業に参加するのは選択肢の一つで、唯一の選択肢ではないことを常に示す	対話を始めるのに早すぎることはない
知識	現リーダーが根気よく助言して後継者が理論的な知識から実際的な知識に移行する	5〜7年の「見習い期間」を計画する ●次世代のメンバーに3〜5年間外部で働くよう求め、昇進の対象となるような能力を示すよう求める ●事業には課題もあるが貴重なチャンスもあることを後継者候補に理解させる ●次世代が対処すべき課題は現世代のものと異なるので適切な知識やスキル、能力を意識して身に付けさせる	あらかじめ合意した外部勤務期間の終了後
人間関係	現リーダーが重要な人間関係を後継者に引き継ぐ	社内外のステークホルダーを紹介する ●サプライヤーや顧客、銀行などの、ステークホルダーを紹介する ●困難な期間があることを想定する。オープンで正直なコミュニケーションを行って支え合う	見習い期間の段階を通じて、徐々に進める
経営	後継者が事業の小さな部分の運営にフォーカスすることから、会社全体がどこに向かうかについての戦略的検討に移行する	役割を明確化する ●ファミリーのメンバーそれぞれが明確な役割を持つようにし、要件や具体的な責任を定め、その役割のレベルに応じて両親以外の上司を定める ●オーナーであるファミリーの意向が伝えられる戦略計画の会議に後継者も参加する	事業にガバナンスの構造とプロセスが供えられ、専門的経営を実現したとき

第6章のまとめ

ファミリー企業でリーダーとなることは、非ファミリー企業の場合とは異なります。したがって、リーダーとなるために学ぶこともファミリー企業では独特で、より複雑であることを理解する必要があります。ファミリー内ではリーダーとなる準備をすることが当然のことと思われており、事業もそのプロセスを意識する必要があります。ファミリー企業では、非ファミリー企業と比べてより多くの株主が、自分たちの事業が優れた人の手に委ねられているかを心配し、質問してくる傾向にあります。リーダーとなるために学ぶプロセスを理解することは必要ですが、それだけでは十分ではありません。

本章の目的は、組織の側面から個人の側面へと、話をスムーズに移行していくことでしたが、スチュワード、アーキテクト、ガバナー、起業家というリーダー個人の役割についても触れました。

三つの学び

・ファミリー企業のリーダーにはスキルが必要で、それは学ぶことができる
・事業継続のカギは主体的な引退である
・リーダーシップは発展的なプロセスである

第7章 スチュワード〈受託責任者〉としての仕事

重要なステークホルダーであるファミリーと従業員に支持されるために、わたしはカールソン・カンパニーのスチュワードになる必要があります。……わたしはファミリーが事業から確実に金銭的・心理的価値を受け取れるようにしなければなりません。そして、その価値は他社への投資から得られるものと同等か、それを上回るものである必要があります。

――マリリン・カールソン・ネルソン
カールソン　第二世代リーダー

第5章では、組織のレベルでのスチュワードシップ（集団主義的文化、権力の格差の小ささ、従業員を巻き込む風土）を紹介しました。そこでも触れたように、スチュワードシップを備えた人材、スチュワードシップを発揮する個人が「スチュワード」です。本章ではスチュワードについて、なかでもファミリー企業のリーダーとしての役割が、どれほど個人レベルでのスチュワードシップの側面と一致しているかをお話しします。

スチュワードシップの個人の側面

組織のレベルと同じく、個人のレベルでもスチュワードであることには三つの側面があります。それは、①内発的モチベーション、②事業との一体感、③個人としての力です。それぞれの側面について見てみましょう。

内発的モチベーション

モチベーションに関して重要なのは、スチュワードは内発的に動機づけられる（モチベーションを得る）のであって、外発的にではないということです。一般的な言葉で言うと、スチュワードは、「手に入れるもの」によってモチベーションを得るのではなく、何かを行うことによって

「感じるもの」からモチベーションを得るのです。

もちろん、スチュワードの役割を果たす人々が、その仕事に対して実質的な報酬を受け取らないということではありません。反対に、わたしたちは他社に劣らない報酬をもらいますし、そう期待もします。しかし、その報酬が仕事をする唯一の理由ではありませんし、主な理由でさえないのです。

ある友人は「自分の仕事を愛する」ことがカギだと言いました。自然に愛するというより「愛することを学ぶ」というプロセスかもしれません。わたしはこれまでに「父と一緒に仕事することが唯一の願いだった」というファミリー企業のリーダーに何人も会いましたが、ずっとファミリーの事業に夢中だったわけではないというリーダーにも会いました。

「仕事を愛することを学ぶ」というのはどういうことなのか。一つ例を挙げましょう。あるファミリー企業の後継者は「事業でどんなポジションに就いていても、そこに安住しないよう、叔父が厳しく課題を課してきた」そうです。その状況で彼が最初にやったのは残り時間の計算でした。彼のほうが叔父よりも若いので時間的余裕がある。つまり、叔父はいつか去っていくということを自らに言い聞かせた。

しかし、彼はもっと重要なことも行いました。叔父に対して、自分はこの事業に貢献するために必要な、モチベーションと根性を持っているということを証明して見せたのです。具体的には、顧客中心のイノベーションに集中して取り組みました。そのために、彼はできる限り多くの顧客を訪問し、単刀直入にいま一番の問題は何かと尋ねたのです。そして、顧客の痛みを真に理解できると、それを解決しようとしました。このアプローチのおかげで、その業界と会社を革新するような製品が誕生し、それが市場を支配するようになりました。

彼は根性があることを示しただけでなく、その過程で、自社の事業を愛することを学んだのです。彼ほど誇りを持っているファミリー企業のリーダーにはなかなか出会いません。最近わたしはこの会社を訪問し、彼の案内で社内を歩いたのですが、どれだけ彼が事業を愛しているか、そして社内の全員がどれだけ彼を尊敬しているかが、はっきりとわかりました。

こうした内発的なモチベーションは、ファミリー企業のリーダーシップと非ファミリー企業のそれとの違いが表れる特徴的な要素です。

内発的なモチベーションは目に見えないので定義するのは難しく、教えるのも困難です。本書で取り上げている多くのトピックのように、これを教科書で学ぶことはできません。したがって、ファミリーの側が、事業を行うファミリーの一員であるとはどういうことかを伝えなければなりません。わたしは早い段階でそれを実際に目にすることができたので、運がよかったと思います。しかし、そうしたファミリーに属することの意味を理解するのに、もっと長い時間がかかる人もいます。もし、「事業を行うファミリー」として存続していきたいのなら、内発的なモチベーションの重要性を理解する必要があります。

事業との一体感

個人レベルでのスチュワードシップの二つ目の側面は、事業との一体感です。言い換えると、最も優れたスチュワードは自分自身の延長として事業を捉えるということです。

六代続いているあるファミリー企業のリーダーはわたしにこう言いました。「わたしの経験によると、ファミリー企業での役割に心から真剣に取り組んでいる人たちは、それを仕事とは考えないし、キャリアとも考えない。どちらかと言うと、使命に近いものと考えている」。一方で、「能力は血よりも濃い」と言ったリーダーがいたことも思い出してください（第2章参照）。ますます複雑化していく事業環境で、業績を上げ事業を継続するには、十分な知識を持ったリーダーが求められるということです。

では、事業を自分自身の延長として捉えるとは、実際どのようなことなのでしょうか。また、そのアプローチのメリット、デメリットは何でしょうか。これについて、わたしは考えすぎるほど考えてきました。デメリットは、「いつでも勤務中である」ということ、つまり自分自身を事業からなかなか切り離せないということです。

これは特に家族との関係においては、問題が生じる可能性があります。残念なことに、ファミリー企業で仕事を自分自身から切り離せなかった人たちで、離婚裁判所はにぎわっています。たとえば、わたしのよい友人で三世代続くファミリー企業のリーダーは、先の景気後退局面において、会社を経営破綻から守るためさらに懸命に働かざるを得ませんでした。彼は会社を救いましたが、家族との関係は救えませんでした。ようやく会社が立ち直ったとき、婚姻関係は破綻していました。

個人としての力

スチュワードはステークホルダーから認められるために「地位から生じる力」に頼りません。スチュワードは「個人としての力」を使って、ものごとを成し遂げようとします。わたしの肩書がオーナーであろうと、CEOであろうと、それはほとんど関係がない。スチュワードとしてわたしが理解しているのは、何かを成し遂げるには「尊敬」が必要だということです。わたしにとって最大の恐怖は、次の世代が「既得権」のような感覚を持ってしまうことです。父もわたしに対して同じ恐れを抱いていました。あるファミリー企業では、後継者である息子に対して、母親が常に「同僚よりも一生懸命働きなさい」と言っていました。なぜなら、彼と違って他の社員たちは、自分の力でその仕事を獲得したからです。

ファミリー企業への理解が進むにつれ、わたしはますます既得権こそがわたしの敵だと思うようになりました。父はその言葉は使いませんでしたが、周囲から尊敬を勝ち取る必要があることを、わたしに教え込みました。また、わたしの道のりは父とは違うものになるだろうが、楽な道を保障されているという点では父と同じであることも教えました。しかし、父がわたしに教えてくれなかったのは、リーダーシップをとるためには、奉仕できなければならないということです。あとになって気付いたのですが、それは「サーバント・リーダーシップ」の概念でした（Framework 7-1 参照）。

サーバント・リーダーシップ

リーダーシップを説明する言葉は本当に多様で、そのどれか一つだけを紹介するのはためらわれますが、サーバント・リーダーシップだけはファミリー企業の世界に本当によく当てはまるので、掘り下げる価値があると思います。

サーバント・リーダーシップは、元は神学的な概念です。しかし、何人もの研究者

Framework 7-1

奉仕とリーダーシップ

奉仕を軽んじるならば、
リーダーシップには手が届かない
作者不明

がそれを組織に応用しました。あるファミリー企業の第二世代のリーダーは、一九九二年にサーバント・リーダーシップの概念に出合い、それを中心に会社をつくり上げたと話していました。その会社は従業員二三〇〇人のグローバル企業で、従業員の多くがやる気に満ちており、大半がサーバント・リーダーシップの哲学を実践しています。そのリーダーの長期志向は、サーバント・リーダーシップでは「漸進主義」として捉えられています。彼はまた、サーバント・リーダーシップが「不完全に対する寛容さ」を求めているということにも魅力を感じたと言います。

最も純粋な形のサーバント・リーダーシップには一一の側面があります。しかし、より容易に理解できるよう、ここでは、サーバント・リーダーシップを五つの要素で捉えた研究をご紹介します。その五つの要素は頭字語で表すと「WEAP-S」となります。WEAP-Sは、知恵（wisdom）、共感（empathy）、利他主義（altruism）、説得力（persuasiveness）、そしてスチュワードシップ（stewardship）を表します。

注目すべきは、ここにスチュワードシップが含まれていることです。以下で、この五つの言葉がどのような意味で使われているのか、簡単に見ていきましょう。

1　知恵　サーバント・リーダーは、さまざまな状況をよく観察し、またよく予測して、そうすることで自らの知識をその先の行動に適切に活用できる

2　共感　サーバント・リーダーは非常に共感的で、他者の懸念に対して思いやりを示すこと

ができる

3　利他主義　サーバント・リーダーは、個人や組織、コミュニティや社会における発展を促したいという思いと奉仕とを通じて、プラスの影響を与える

4　説得力　説得力に優れたサーバント・リーダーは、問題をうまく説明でき、自分の思考の道筋を示して、魅力のあるチャンスを描き出すことができる。彼らは強制したり操作したりするのではなく、説得という手段を用いる

5　スチュワードシップ（組織レベル）　サーバント・リーダーは、自らの組織がコミュニティに価値を創造することを真に推奨する

マズローの説への疑問

サーバント・リーダーシップの他に、スチュワードシップを考えるうえで、わたしのお気に入りのトピックとなったのは、マズローの欲求五段階説でした。社会科学分野の入門クラスを履修した人なら、マズローの欲求五段階説と、その有名なピラミッド型の構造をどこかで学んだのではないかと思います。この説は、人間の発達と生存を考えるうえで基本的なものです。ここで長々と説明して時間を無駄にすることはしませんが、わたしが提起したいのは、ファミリー

企業という文脈においてはこの説は欠陥があるということです。

わたしは大学の必修科目のなかで、マズローの欲求五段階説を学びました。授業の内容はよく覚えていませんが、このピラミッドの妥当性について納得できなかったことは覚えています。しかし、なぜだかこの概念を忘れることはなく、少し前に自分の考えを図に描いてみました(Framework 7-2参照)。わたしは年齢を重ねて経験も積み、マズローの説によると、自己実現の段階にいるはずです。しかし、それだけでよいのでしょうか、マズロー先生。わたしはこの先五〇年、このままの状態でいてよいのでしょうか。

わたしはこの問題についても考えすぎるほど考え、まったく関係のない本から答えを見つけました。その本とは、チャールズ・ハンディが著した『パラドックスの時代』です。詳しくは本で読んでいただきたいのですが、彼がマズローのピラミッドについて書いた部分だけ、ここで紹介させてください。

> マズローが欲求に段階があると主張したことは正しい。十分なモノを手に入れると、人は社会的な評価に目を向け、続いて自己実現へと向かう。しかし、おそらくマズローのピラミッドでは、その先を十分に描き切れていない。自己実現より先の段階が存在する可能性があるのだ。それは、自分を超える理想や目標の追求で、「理想化」とでも呼べる段階だ。マズローの説はわたしたちの経験からも納得のいくものではあるが、少し後味が苦いものである。こ

の新たな段階は、そうしたマズローの自己中心的な色合いの説を補う。彼も晩年、この点について認めている。（傍点は筆者が追加）

あとはご自身でこの意味を考えてみてください。

内発的モチベーションと目標

ハンディは、人が一般にどのように行動するかという文脈で、「理想」という概念に触れました。そこから、わたしのまた別の探求が始まりました。

組織内の行動をよりよく理解しようとするなかで、わたしはラッセル・エイコフの『問題解決のアート』という本に出合いました。エイコフは理想について述べ、理想という内発的目標は遠位の目標であり、それは行動を促すという点で重要であるが、本当に考慮すべきは近位の目標で、それは外発的なものだと述べています（Framework 7-3）。

この考え方はわたし自身の行動や父の行動を理解するのに役立ちました。そして、ファミリーと事業の両方を率いるうえで、日々参考にしています。

わたしのファミリー企業の世界では、継続が理想です。そのために努力していますが、この

Framework 7-2

マズローのピラミッドとエイコフの理想

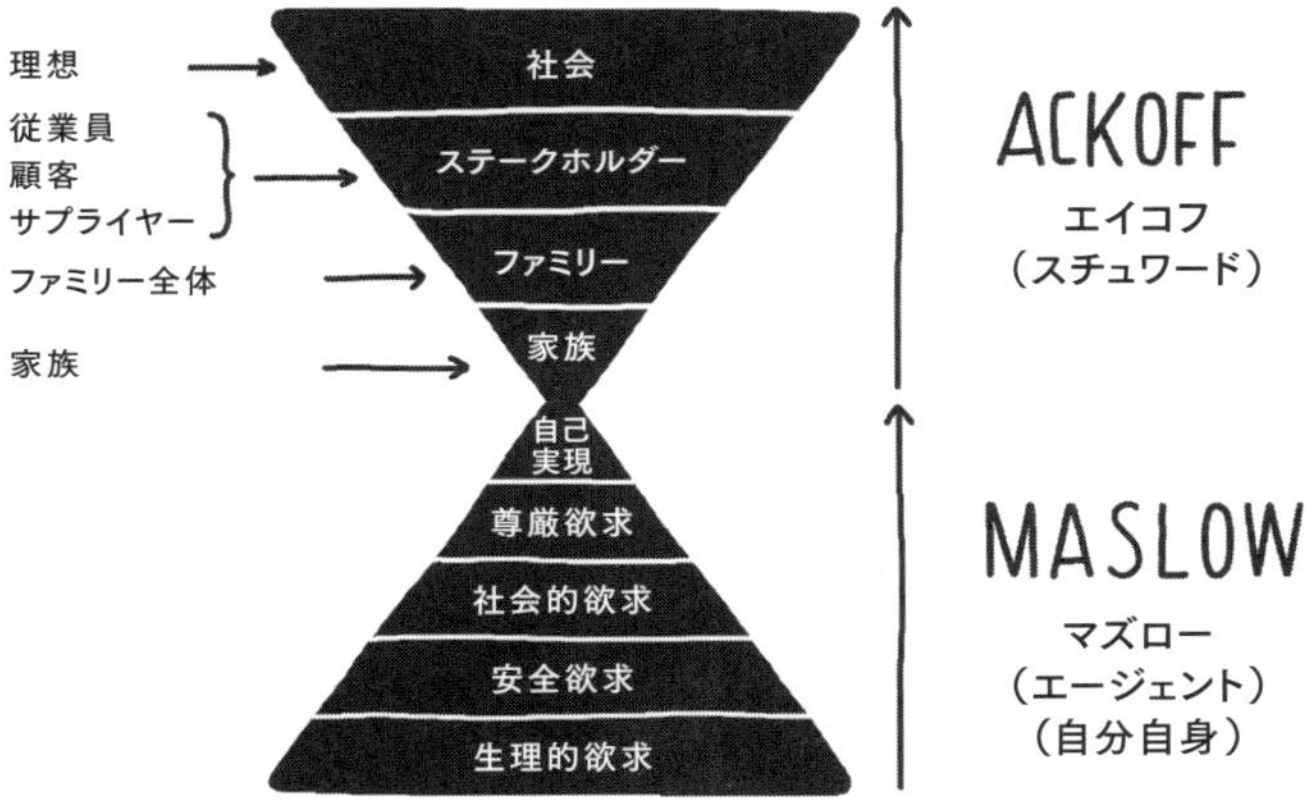

Framework 7-3

内発的か、外発的か

理想は目に見えません。イメージはできますが、そこには結果に影響を及ぼす変数があまりにも多く存在しています。したがって、もっと目に見える、自分で影響を及ぼすことのできる身近な目標についても努力すべきなのです。たとえば、ガバナンスの取り組み、経営管理体系や組織構造を整えることなどが、身近な目標の例です。これらが、究極の目標である「継続」の実現において力になってくれると考え、そう願っています。この一点は、スチュワードであることを理解するうえで、欠かせないものだと考えています。

オライリー・ファミリーの場合

ここで、実際のスチュワードの事例を紹介しましょう。

オーストラリアのクイーンズランド州、ラミントン国立公園内にある「オライリーズ・レインフォレスト・リトリート、ヴィラ・アンド・ロストワールド・スパ」は、一九二六年に設立された宿泊施設で、オライリー・ファミリーが所有し、運営しています。この施設はエコツーリズムで国際的な評価を得ており、ファミリービジネスや、旅行業界などの賞を多数獲得しています。過去九〇年のあいだオライリー・ファミリーは、エコツーリズムを創始し発展させる中で、環境のスチュワードとして知られてきました。ここ数十年は、ファミリーのモチベーションと事業の方向性を定めるために、スチュワードシップをさらに深く取り入れています。

オライリー・ファミリーは、より高度なガバナンス・プロセスの開発に投資し、それによって、事業のガバナンスを改善するだけでなく、共通の価値観を表現し、手直しし、維持しようとしました。この共通の価値観と、これらの価値観を定期的に確認するプロセスは、ファミリーと会社との一体感を創出するのに役立ちました。特に、この事業に関わっていない若い世代のメンバーにとって効果的でした。

価値観の中心となっているのは勤勉さと倫理の尊重で、オライリー・ファミリーは、それによって伝説的なホスピタリティの評価を勝ち得たのでした。ファミリーのミッションは、この受け継がれてきた価値観を維持することで、そのための手段が、短期の金銭的リターンを抑えて、この先の世代のために長期志向を維持することでした。二〇〇〇年代後半の世界金融危機では、会社を存続させるためオーナーとしての忍耐力が問われましたが、それがスチュワードシップのよい例となったのです。

ガバナンスと価値観に支えられて

現在のCEOは、国内外のホテル業界でビジネスを学びました。ファミリーは何年も「経営の専門化」のテーマを推進してきており、その手法として、たとえば行動的な取締役会や、定期的なファミリー会議などを用いてきました。

表 7-1

ファミリーとして、コミュニティとして、オーナーとして、従業員としてのファミリー

ファミリーとしてのファミリー	• さまざまな場でファミリーを代表することによって、ファミリーのすべてのメンバー（家業で働いていない人々も含む）が、ファミリーの価値観の永続に貢献するよう促す • 特に何かの達成を祝うときなどの、コミュニケーションを改善する。ニュースレターの発行をその一つの手段とする • ファミリーがレインフォレスト・リトリートに滞在すること（休暇での滞在や定期的な訪問）を奨励する • 後継者育成計画を開発し、株式売却が必要なメンバーのために、より柔軟な売却の方法を検討する
コミュニティとしてのファミリー	• オーストラリアのエコツーリズムのリーダーとして知られる • 倫理的で、正直で、フェアで、幅広い地域社会の支援者であるという評判を、さらに高める • 選ばれる雇用主となる • この地域発祥の遺産を紹介する
オーナーとしてのファミリー	• このファミリー企業を成長させる • 宿泊施設のオペレーションを統合する • 事業を多角化し、成長させて、ファミリーのメンバーがこの会社内で働き、キャリアを積む機会を増やす • 成長と多角化のために、（オーナーシップや財務、戦略などの）構造を導入する
従業員としてのファミリー	• 多角化された事業で、ファミリーのメンバーがキャリアを積むのを奨励する • ファミリーのメンバーに対する、二つの雇用方針をつくる (1) 事業運営（低めのポジション／インターンシップ、長期休暇中のアルバイト） (2) マネジメント • 尊敬を勝ち得る必要があり、それは会社の枠組みの中で極めて重要であることを強調する。ファミリー構成員用の導入プログラムを用意して、このファミリー企業の環境の中では、自分たちにはより多くの要求と期待が課せられていることを認識できるようにする

出典：Ken Moores and Justin Craig, “From Vision to Variables: a Scorecard to Continue the Professionalization of a Family Firm.” In The Handbook of Research on Family Business, edited by P. Z. Poutziouris, K. X. Smyrnios, and S. B. Klein. Edward Elgar Publisher, in association with IFERA - The International Family Enterprise Research Academy, 2006, pp. 201-202.

取締役会は年に八回から一〇回開催され、ファミリー以外の社外取締役が会長を務め、他にも二人、ファミリー以外の取締役が、ここ何年も参加しています。また、ファミリーは一九九〇年代の前半から、イノベーションの必要性を感じたことをきっかけにファミリー会議を開いています。いまではこのファミリー会議には年に一度のファミリー総会も加えられ、そこでは会長とCEOが「オーナー」であるファミリーに説明を行います。これらの会議は通常二日間にわたって開かれ、ファミリーのすべてのメンバーと、その配偶者やパートナーも参加します。

何年か前のファミリー会議で、二世代目、三世代目、四世代目の共通の価値観が抽出されました。その内容を表7－1にまとめました。

これらの価値観は、引き継がれてきた重要な価値観を反映し、取締役会の審議での手引きとなるものでした。第二世代の共同リーダーであるピーター・オライリーは、よく創業者たちの貢献についてファミリーに話し、特に、彼らの勤勉さや情熱、コミットメントへの注目を促しています。著書の『オライリーの精神（The Spirit of O'Reillys: The World at Our Feet）』で、彼は次のように述べています。

最初の「オライリー・ゲストハウス」が生まれた背景には、叔母や叔父たちの強さがある。彼らは非常に人里離れた場所の山の上にゲストハウスを建て、それを三〇年間運営する情熱とコミットメントを持っていた。

ピーターが兄のビンスとともにゲストハウスの経営を引き継いだとき、彼はこう言いました。

もしビンスとわたしが、将来この事業から利益を得るとしたら、それはこの会社の株式の取得によってだろう。運営を引き継いだばかりのこの段階では、この事業はどちらかと言うと心配の種で、いずれオーナーになることなどほとんど考えもしなかった。

もし、スチュワードの実例があるとするならば、以下のコメントがまさにそうでしょう。ピーターは、過去の世代を尊敬するのと同様に、いまの世代を深く信頼しています。

ファミリービジネスにも他のビジネスと同様の鍛錬が求められる。ファミリーのメンバーは、懸命に働き、友好的な関係を保つ必要がある。第三世代がそれを実現していること、そして彼らの事業への献身を見るのは喜ばしいことだ。わたしは彼らを心から信頼している。

オライリー・ファミリーは、これまでの世代の価値観を永続させることで、また、今後の世代が関わっていける柔軟なオーナーシップの構造をつくることで、ファミリーの創業の歴史が受け継がれ続けていくだろうと確信しました。加えて、ファミリーのメンバーは、特に環境へのスチュワードシップを発揮するという目標に向かって団結しています。その目標は、創業世代の中心的なイデオロギーとして認知されているものです。

試練のとき

ファミリーの長期志向が、近年強力に発揮されることとなりました。世界金融危機とその後の世界状況が、オーストラリアの旅行業界に打撃を与え、オライリー・ファミリーの事業にも影響したためです。彼らは資金を工面し、立ち直る力を示す必要がありました。事業の存続には忍耐力が本当に必要で、事業を長期的に存続できるよう、短期的な投資リターンの獲得は見送りました。本当に困難な時期でした。特に、銀行が株主の短期志向に押されて厳しい姿勢を示したときには苦労しました。しかし、ファミリーは勤勉さとプロ意識、忍耐力をもって、未来の世代のためにチャンスをつくろうと、この状況を切り抜けたのです。

オライリー・ファミリーのリーダーたちは、スチュワードであるとはどんなことかを、世界金融危機を切り抜けた際に示しました。みなさんにも、このような事例からよく学び、記憶しておくことを勧めたいと思います。なぜなら、そのときになってみないと、こうした姿勢の本当の大切さは感じられないからです。そして、あなたがリーダーである期間のどこかで、この学びが生きるときがやってくる可能性は非常に高いのです。

第7章のまとめ

ファミリー企業のリーダーは、スチュワードであるためには何が必要かを理解しなければなりません。わたしの経験と学びによると、スチュワードシップはファミリー企業と非ファミリー企業を区別する根本となるものです。わたしがファミリーと事業のよりよいリーダーになるうえで欠かせなかったのも、個人としてのスチュワードシップの側面（内発的なモチベーション、事業との強い一体感、地位ではなく個人としての力の活用）を組織としての側面（集団主義的な文化、権力格差の小ささ、従業員を巻き込む風土）と合わせて理解したこと、さらに、長期志向や理想と目標、サーバント・リーダーシップなどの関連する概念でした。

三つの学び

- スチュワードは内発的なモチベーションに動かされる
- オーナーには、より高い視点から見た目的が求められる
- リーダーはサーバントである

ケーススタディ【スチュワード】

五五歳のリーダーは問題を抱えていた。一二五年の歴史を持つアジアの大手食品会社で、彼は第四世代の五人のうちの一人だった。ファミリー・オフィス（詳しくは第9章を参照）の会長として、彼はどのようにして第五世代を事業に巻き込むべきか、頭を悩ませていた。

第五世代の一四人（このうち一一人が二〇歳から三〇歳）のなかで、事業に加わっていたのはわずか二人で、それ以外のメンバーはほとんど事業に関心を示していなかった。第五世代のうち、現時点で同社のインターンシップ制度を利用しているメンバーはおらず、ファミリーによるメンター制度にも、ほとんど関心が示されなかった。

「何をやっても効果がない」と、彼はつぶやいた。他にも同じような苛立ちを感じているメンバーがおり、五六歳の姉もその一人だった。彼女はファミリーの「学習と育成センター」を運営していて、そこではさまざまな研修や、オリエンテーションのプログラム、事業戦略のワークショップなどを提供し、大学でファミリービジネスを学ぶための奨学金も出していた。彼女が見たところでは、若い世代は家業以外の関心事で手一杯だった。たとえば、結婚や別のキャリア、趣味などだ。こうした関心の欠如は、メンバーのファミリーへの関与が全体として低くなっている傾向を反映したものでもあった。たとえば、これまで年に一度開かれてきたファミリーの研修会が、ファミリー内での対立や無関心によって中止になっていた。

これまでの世代では、事業のリーダーシップを巡って対立や分裂があったため、第五世代の問題もより一層緊急の課題として捉えられた。一九七〇年代には、第四世代の父親とその二人の兄弟（第三世代）が会社の方向性を巡って仲たがいし、父親が兄弟から権利を買い取って会社を大きく成長させた。父と母はともに八〇代になったが、いまでも事業に関わっていた。夫妻の五人の子どもたちは海外の大学に進学し、食品化学や化学工業、ファイナンスやマーケティングの学位を取得したのちに、全員が一九八〇年代にファミリーの事業に参加した。二〇〇〇年代には、第四世代は健康関連製品の事業を立ち上げ、成功させていた。

第五世代は私立のインターナショナル・スクールや、宗教法人や海外の寄宿学校、大学などで学んだ。子どもの頃から、彼らの事業との関わり合いは両親と比べて限られたものだった。遠隔地の学校への進学や、個々の活動に時間をとられたことなどから、いとこどうしの関係も強いものではなかった。事業についての主な情報源は、ファミリー・オフィスが四半期に一度送っているメールによる情報や、家庭で両親から聞く話、そして母国に戻ったときに、毎週のファミリーの食事会に参加して聞く情報などだった。

ファミリー・オフィスの会長は、第五世代の関心の低さを悲しんだ。五〇代半ばとなり、彼は次世代のモチベーションを高めることを重視していたが、まだ何も成し遂げられていないと感じていた。「心配なのは、わたしたちが情熱や競争力、事業に関わることへの理解を引き継げるか、引き継げないかということだ。もっと効果のあるアイデアが必要だ」

会長は、将来の事業の成功は、第五世代の事業への関心を呼び覚まし、彼らの野心と能力を事業に向けさせられるかにかかっていると感じていた。第五世代の努力なくしては、ファミリー企業のロールモデルであり続けるというビジョンは、実現しそうになかった。

ケーススタディからの学び

・何世代も続いている企業で、長期志向を浸透させる手段をとっていたとしても、その事業の存続につながるスチュワードシップがすべての世代で見られるとは限らず、また個々人の人生のすべての段階で現れるとは限らない

・リーダーとして考えるべきこと

―どの程度、次世代の子どもたちが事業に関心を持つよう促すべきか、あるいは、子どもたちには自分で自分の生き方を見つけさせるべきか

―後継者候補に、将来自分たちのものになるかもしれない事業に関して、意見を言えるだけの十分な情報をどのようにして提供するか

―ファミリー企業のガバナンスの点から考えて、後継者をどのように教育し、準備させるべきか

—ファミリー企業のオーナーとなることを、後継者が負担ではなく責任と感じられるようにするには、どのように励ましていけばよいか

このストーリーは、次のケーススタディを基に作成された。
John Ward, Carol Adler Zsolnay, and Sachin Waikar, How to Motivate the Fifth Generation? Balancing Engagement and Entitlement at Lee Kum Kee, Kellogg Case #5-214-251, published 2016.

第8章

アーキテクト〈設計者〉としての仕事

創業者である祖父のルースの精神を、わたしは会社に関する意思決定に、常に反映させようとしている。

――シンディ・ビグロー
ビグロー・ティー・カンパニー 第三世代リーダー

アーキテクチャーについて述べた第2章では、ファミリー企業の設計がそれ以外の企業とどう異なるか、わたしの考えをお話ししました。この章では分析を個人のレベルに移し、アーキテクチャーを設計するアーキテクト（設計者）についてお話しします。

事業を行うファミリーのアーキテクトという役割を、軽視することはできません。一般のアーキテクト（建築家）にとっては、空間、光、形が、成功するうえでの基盤となります。ファミリー企業のアーキテクトにとっても、この点はほぼ同じです。アーキテクトは、現在の世代と次の世代、そして、ファミリー以外のステークホルダーが別個に、あるいは一緒に活動できる十分な空間を確保する必要があります。また、成長を促し、多様な意見が出てくるように、十分な光が必要です（誰かがわたしにこうも言いました。「太陽の光は消毒剤として有効だ。腹立ちは太陽の光にさらすといい」）。そして、頑丈な形も必要です。時には大きな衝撃が起こることもありますから。

加えて、わたしのとてもシンプルな世界観からすると、「対立（コンフリクト）に対処するための構造を、アーキテクトがどのように設計するか」という点から、ファミリー企業の特徴の多くが捉えられると考えます。第2章では、アーキテクチャーを次のように説明しました。「組織の活動を規定し、その活動を行うことを指示された人々の権限と自律性を規定するもので、それが経営管理体系や業績評価、人事、マーケティングなどの体系を決定する」

本章では、わたしは「対立」と、それがなぜアーキテクトにとって特に重要なのかにフォーカスします。また、これぞアーキテクトという人物も紹介します。その人物は組織構造と経営管理体系を活用して自身の会社に透明性をもたらし、対立を減少させました（Framework 8-1 参照）。

対立

　多くの人にとって、対立は禁断の領域ですが、ファミリー企業のリーダーにとっては、かなり馴染みのあるものでしょう。わたしは次第に、対立を避けるものとしてではなく、不可避なものとして受け入れるようになりました。むしろ、対立に向き合えば向き合うほど、それに感謝するようになりました。

　実際、対立はそれほどわるいものではなく、

Framework 8-1
空間、光、形

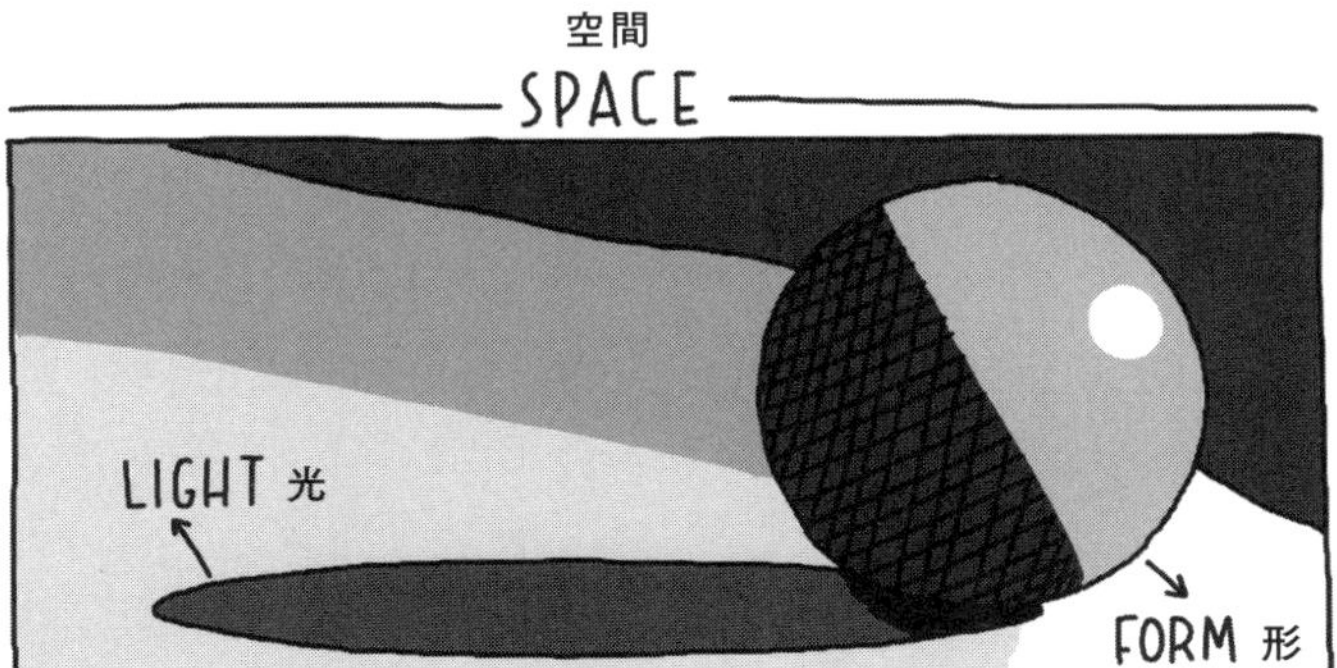

適切に対処できれば、個人や組織の業績が向上する可能性もあります。対立にうまく対処できるようになったことで、わたしはリーダーとしても成長しました。空間と光と形を向上する構造を設計することで、対立のよい点を活用でき、わるい影響を減らすことができています。対立のマネジメントは、必ずしも対立の回避や削減、終結を意味するものではありません。むしろ、対立のマネジメントとは、対立による機能不全を最小化し、建設的な機能を強化する戦略を立て、事業とファミリーの力と寿命を高めることです。

本章を読むにあたっては、対立の多くは間違った思い込みが基になっていることをまず理解してください。このことは、アーキテクトという役割の重要性を際立たせます。アーキテクトは、思い込みや期待を解きほぐす場（フォーラム）を設計するからです。

わたしは対立のマネジメントの専門家ではありませんが、この問題をよりよく理解しようとするなかで、「理論家」たち、つまり社会学者や経済学者、政治学者、人類学者、心理学者らが、いろいろな種類の対立についてそれぞれに意見を持っていることを知りました。わたしが理解したところによると、かつてこうした学者たちは組織における対立を有害なものと見なしていました。しかし、最近ではこの見方は変わってきています。

どんな組織における対立も、基本的には標準的な意思決定の仕組みが機能しなくなることから生じます。それによって、個人やグループが一つの選択肢や道筋を選ぶことが難しくなるのです。わたしが気に入っている対立の定義は、「ある人物の行動や目標が、別の人物（あるいは人々）の行動や目標と相容れない、相互作用的な状況」というものです。わたしがよく目にするのは、まさにこうした状況です。

組織内で対立が発生する場所は、次の二つです。

1　ある一人の人物の内側
2　二人以上の人々の間

ここから生じた対立が、個人内、グループ内、グループ間の三つのレベルの対立として表れます。

このうち個人の内側の対立は、組織のあるメンバーが、何らかの業務や活動などを行うよう求められたものの、それがその人の専門性や関心、目標、価値観などと合致しないときに生じます。グループ内の対立は、あるグループ内のメンバーの間で、あるいはグループ内の小グループの間で、意見の相違や不一致などが生じた結果起こります。グループ間の対立とは、二つ以上のグループのメンバーや代表、リーダーの間に生じる意見の相違や不一致などです。この三つのレベルを、ご自身のファミリーや事業の状況に当てはめて考えてみることをおすすめします。

ファミリー企業内の対立

ファミリー企業は研究分野としては比較的新しいものですが、ファミリー企業における対立はよく文章化されています。小説家や劇作家、映画監督、昼ドラのプロデューサーなどによって、あきれるほどネタにされているのです。大衆紙も長いこと、ファミリー企業内の対立を書き立ててきました。ファミリー企業では、対立は自分の利益を拡大するためのもの（つまり、自分本位なエージェントによるもの）と見られています。したがって、ファミリー企業の基本的な信条に反し、共通の価値観やビジョン、目的などを破壊する恐れがあると考えられています。

対立の源

ファミリー企業内の対立の多くが、優れたアーキテクトの不在に関係しています。優れたアーキテクトは、事業の（資本主義的な）仕組みとファミリーの（社会的な）仕組みの重なりから生じる問題を、組織構造とプロセスを改善することで解決します。なお、次世代にうまく承継されている企業では、優れたアーキテクトの不在という問題はあまり見られません。ファミリー企業内で、対立の発生源としてアーキテクトが注意しておくべき点には、以下のものがあります。

・ファミリー企業内の役割やルールの曖昧さ
・ファミリーとファミリー以外のメンバーの間で権力やステータスが異なること
・事業の承継プロセスが性急であり、公正でないこと
・ファミリー内のライバル心（特に、創業者の子どもたち）
・一人の息子や娘だけをかわいがること
・キャリアや報酬、雇用に関して、明確かつ一貫した方針が存在しないこと
・行動規範が存在しないこと
・職務記述書が存在せず、職務の範囲が明確でないこと

ファミリーはそのメンバーの世話をし、育てるために存在し、事業は製品やサービスの提供を通じて利益を生み出すために存在しています。アーキテクトは、このように存在理由が異なる二つの世界を同時に生きなければなりません。たとえばアーキテクトは、ファミリーが事業により強くかかわるように会社を設計する必要があります。それによって、彼らが仕事に意欲を持つようになり、一般的な従業員よりも事業の成功にコミットするようになります。そうで

なければ、縁故主義が目立つような事業になってしまいます。最悪の場合、次のような結果が生まれます。①能力も意欲もなく業績も低いのに、ファミリーという地位に守られていると思い込む従業員がいる。あるいは、②ファミリーの一員である同僚の力に限界があり、それをどうすることもできず、苛立っている従業員がいる。

対立を避けても望ましい結果は得られませんが、それにもかかわらず、ファミリー企業が結束しているイメージを保たなければというプレッシャーが、ファミリー内の対立を抑えることがあります。しかし、わたしが経験したところによると、ファミリー内の対立は別の要因によっても抑えられます。わたしはアーキテクトとして、これらの要因を活用して、対立を予防する設計を行ってきました。具体的には、次のような点です。

1　ファミリーと事業が経済的に相互依存の関係にあると、影響力や親密さなどのニーズが満たされていなくても、それを言い出しにくい

2　ファミリーの生活においては、事業は煩わしい「第三者」と感じられるかもしれないが、「食べ物をくれる人の手に噛み付く」ような人たちは、問題があると見なされる可能性がある

3　伝統的なファミリー所有の事業の多くでは、ファミリーのメンバーは父親／創業者を強力な、あるいは実際よりも大きな存在として見る

わたしが信頼しているある研究では、父親と息子の間でコントロールや権力などを巡って生じる対立を重視しています。そうした対立は、父と息子のコミュニケーションを妨げます。この対立は父親の欲求に関係している場合が多い。たとえば、苦労して成し遂げたものを壊したくない、自分の専門性を生かしたいといった欲求です。一方で、親のコントロールから自立したいという息子の欲求にも関係しています。わたしも父とこうした対立をある程度経験し、自分の息子ともそうなることを覚悟しています。しかし、親の立場にある今回のほうが明らかに有利なはずです。

アーキテクトがオーナーシップと権限の委譲を設計しなければ、ファミリーのメンバーの自立や成熟が制限されます。ファミリービジネスの世界では、「子どもたちはみな平等に扱われる」といった単純な理念さえ、自明ではありません。子どもたちはそれぞれに、能力や関心、行動や状況が異なるので、事業においては平等に扱うのは問題となるのです。したがって、多くのファミリー企業内のファミリーの対立は、家族としての平等の概念とどうバランスをとるかというところから発しています。

一般的に、ファミリー企業内で働く息子は、父親と長く対立するものです。そうした対立は、息子がアイデンティティを確立し、自分の力を求めようとすると始まると考えられます。このテーマについては、丸々一章分を割けるくらいです。父と息子の競争は、息子が父のようになりたい、父を超えて自分が「父になりたい」と思うことから発するという考え方もあります。

シェークスピアや、それ以前のギリシャの劇作家の本でも、そうしたテーマが扱われてきています。

これは、わたしの友人の知り合いの話です。その人は息子たちを幼い頃から仲良く育ててきたといいます。なぜ兄弟喧嘩をしないのかと問うと、三人の息子は共通の趣味である水上スキーを通じて交渉することを覚えたということでした。水上スキーには最低三人が必要です。一人がボートを操縦し、一人が監視し、そして一人がスキーに乗ります。したがって、自分がスキーに乗りたいと思ったら、残る二人と交渉して現実的な解決策を見つける必要があります。

ここから言えるのは、ファミリー企業における対立の回避は、大きな問題となる可能性があるということです。破壊的な対立を避けようとするなかで、会社の成長のために必要な建設的な対立も避けてしまうのです。多くのファミリーが対立を避けようとします。なぜなら、互いに愛しているのなら、対立するのは間違っており、わるいことだと誤解しているからです。実際は、人は愛している人と常に合意に至るとは限りません。逆に、特に関心のない人とは通常は対立しないものです。ファミリー企業内の対立には感情的な要素が含まれており、それを実際の問題とともに解決する必要があります。アーキテクトの役割は、適切な構造を導入して、対立は起こるもので、対処される必要があるという不可避な現実に何とか対処することなのです。

ウィロー・ウェア・オーストラリアの場合

適切な構造を設計し導入する、アーキテクトという重要な役割をよりよく理解するために、ウィロー・ウェア・オーストラリアを経営するウィルソン・ファミリーの例を見てみましょう。ファミリーの現在のリーダーは優れたアーキテクトで、アーキテクチャーに注力することで事業とファミリーの緊張感を緩和しています。同社の事例はわたしが巡り合ったもののなかで最高の部類に入るもので、ここから学べることはたくさんあります。

話は一八八七年七月二九日にさかのぼります。この日、ラルフ・ウィルソンとリチャード・ウィルソンが、金属加工機械と金属加工用の工具をつくり始めました。二人は、ビクトリア州フレミントンにあった自宅裏の小屋で、旋盤や直定規、冷《ひや》たがね、金槌、やすりなどを使って仕事をしました。この時代の製造業者は、気弱な人では戦えないような激しい競争を行っていました。資本が限られているなかで、仕事に対する大きな意欲と、質素な生活に耐える力を持った人だけが成功することができました。毎日が戦闘モードでした。

初代ラルフ（今日に至るまで、各世代のリーダーはラルフと名付けられました）は、特別な発明の才能と、現実的なアイデアを持った人でした。ラルフは、スズを使った機械製造の技術的な問題に対応しながら、非常に多様なプレス機や他の機械を自分の手でつくりました。初代ラルフは一九三〇年に亡くなり、続いてその一人息子であった二代目ラルフが、ウィローのリーダーとなりました。彼は一九二〇年代に、この骨の折れる事業の進め方を改善し、同社は、その後に起こった大恐慌と第二次世界大戦、そして原材料不足や財務的な苦難の時期などを乗り切って、何世代にもわたって承継され続けました。そして、わたしの友人であり、当時の経営者の息子であったラルフ五世が、一九七八年に事業に加わったのです。

他の多くの製造業者が挫折するなかで生き残り繁栄するために、同社は部門や資産に「聖域」をつくりませんでした。生存し成功するという決意と倫理だけが、侵してはならないものでした(スチュワードシップの集団主義的文化を参照のこと)。より近代的で効率的な製造会社となるとともに、同社は戦略的な方向性を改善し、それを支えるためにマーケティングと営業を強化しました。製品領域は合理化され、意味がある場合には拡張されて、それによって事業部門の中核能力を向上させ、市場のリーダーとなりました。

ウィローは、今日までさまざまな困難に直面してきたにもかかわらず、事業を一つの世代から次の世代へと承継することができました。第五世代で現CEOのラルフ・ウィルソンはその要因として、絶えず専門的経営の導入を目指してきたことを挙げます。その際、財務とオペレーションの管理体系の設計がカギだったと言います。それによって、権限の分散とトップの積極性を確保しようとしたのです。もう少し詳しく見てみましょう。

1　財務（およびオペレーション）管理体系

「わが社の財務管理の体系と手順は、戦略の意思決定を真に支え、株主の期待を実現するために役立っています」

ウィロー・ウェア・オーストラリアの長い歴史と発展を通じて、重要な意思決定は優れたデータに基づいて行われてきました。同社は財務とオペレーションの管理体系の質の高さを誇っています。これらの体系とプロセスによって、製品ラインの継続や導入に関する重要な（難しいことも多い）意思決定が可能になりました。

2　分権化

「ウィローが専門的経営を導入するプロセスにおいて、分権化は有用で効果的なものです。これもまた、株主の期待を実現するうえで力となっています」

人事の体系と組織構造は企業文化と哲学に影響し、その企業文化と哲学のおかげで経営陣は戦略方針に集中できるようになります。事業の渦中にいるのではなく、客観的かつ積極的に事業に取り組めるのです。個々人に意思決定の権限を与えることで社員のやる気を引き出します。ただしそれは責任と説明責任を伴うものでなくてはなりません。

3　トップの積極性

「この点も専門的経営を導入するプロセスに大きく貢献してきました。ウィロー・ウェア・オーストラリアの五世代を通じて、オーナー一家は経営とガバナンスに積極的にかかわってきました。その戦略的なアイデアと独立した思考により、経済的に厳しい時代もくぐり抜け、製品ラインに関する困難な意思決定も実行できました。そして、未来の世代のために事業を守ることができたのです」

ウィルソン・ファミリーは一八八七年の創業以来、ファミリーと事業に関する多くの課題を乗り越えてきました。彼らによると、事業継続のために重要なのは、何代ものリーダーによって導入されてきたアーキテクチャーで、そのアーキテクチャーが対立を減らしタイムリーで効果的な意思決定を可能にしたのです。

第8章のまとめ

対立によるマイナスの影響を減らし、ファミリーと事業のさまざまなチーム内に信頼感を醸成できるようなアーキテクチャーを設計する必要があります。わたしは常にその必要性を感じています。毎日のように、ファミリーや事業の中に対立があるのを感じます。それらが自然に消えていくだろうという、甘い気持ちは持っていません。やはり、空間と、光と、形が重要なのです。

三つの学び

- アーキテクトはファミリーと事業の信頼の仕組みを設計する。その仕組みが有害な対立を減らす
- オーナーはアーキテクトの設計を理解する必要がある
- よいアーキテクチャーを設計しても実現しなければ意味がない

ケーススタディ【アーキテクト】

ファミリー・コーポレート・ボード（FCB＝ファミリー取締役会）の六一歳になる会長は、南インドの小さな村にある、歴史ある宮殿のような先祖代々の家を訪ねようとしていた。その道すがら、彼のファミリー・グループ（FG）にとって最善の組織戦略は何か、また彼がFGで果たすべき役割は何かと考え続けていた。

FGは、一九一〇年に設立されたインドの歴史あるファミリー企業だ。二〇〇〇年代半ばにはインドで一六位の企業グループとなっており、売上高は八億五〇〇〇万ドル、従業員は二万三〇〇〇人を超えていた。提供する製品やサービスは、研磨剤からドア枠、投資信託までさまざまだった。一九九〇年までは、グループの七つの企業のCEOは、ファミリーのメンバーが務めていた。グループ全体として公式な交流はなく、ファミリー内で非公式なアドバイスが行われる程度だった。

一九九〇年に、FGのファミリーのメンバーが、FCBを創設して公式なグループ経営を行うことを決めた。この動きはインドの急速に変化する事業環境を反映したものだった。経済がどんどん自由化され、新たなチャンス（たとえば輸出など）が多数生まれ、また同時に、脅威も生まれていた（たとえば、国内外からの競争など）。そのため、事業ポートフォリオに関する意思決定で、以前よりも速く、柔軟に、感情に動かされることのない決定を行う必要があったのだ。

一九九九年には、ファミリーは前代未聞のステップを踏んだ。七社の所有と経営を分離し、ファミリー以外のメンバーをCEOに昇進させたのだ。会社のトップを務めていたファミリーの五人のメンバーが、共有のオフィスへと移動し、再編成されたFCBのフルタイムの取締役となった。FCBには三人の社外取締役と、ファミリーではないCFOも加わった。

二〇〇〇年代中盤、グループは変更されたガバナンス構造への適応と、インド経済の変化への適応を続けていた。こうしたなかで、FCBの会長は会社の将来について考えた。彼は、会社の成功を継続するためには、さらに専門的な経営を行う必要があると考えた。しかし、近年の組織再編と市場の変化への適応を優先する必要があるとの認識もあった。また、兄と叔父の先例に従うならば、六五歳の定年までに彼に残されていた時間は、あと四年だけだった。

加えて、会長はファミリーにおける伝統的な役割を、もう一つ担う可能性があった。兄が死んだら、彼はファミリーの中で最年長の男性となり、ファミリーの〝Karth〟という役割を担うよう求められる。そうなると、ファミリーの他のメンバーに、学問と仕事に関して進むべき道を指示し、事業に関する大きな決断も監督する必要が出てくる。

彼は、自分は三〇人を超えるファミリーに対してそんなことができる性格ではなく、その能力もないと思っていた。その役割が与えられる前に、彼は最年長の男性がファミリーと事業の両方を率いるという前例を変えようとしていた。ゆくゆくはその役割を二つに分け、単に最年長者ではなく、それぞれの役割に最適な男性が役割を担うことにするのである。

ケーススタディからの学び

・ファミリー企業のリーダーがアーキテクトとしての役割を果たすときには、自分自身の役割に加えて、変化し続ける環境の中で、事業がどのように形を変えるべきかをよく考える必要がある
・文化的な規範やファミリーの伝統は、企業にとっての最善の策とは異なるかもしれない。また、ファミリーにとっての最善策とも異なる可能性がある。このケースでの最善の策は、専門的な経営を行うこと、事業構造を変えること、そして、たとえ従来のように最年長の男性ではなくても、ファミリーを率いる最適な人物を就任させることだった
・ファミリー企業のリーダーは、これまでにどんな文化的、経済的、政治的な期待が、自社の戦略や構造を形作ってきたかを理解し、過去とは異なる変革という選択肢を、恐れずに開拓する必要がある

このストーリーは、次のケーススタディを基に作成された。
John Ward and Carol Adler Zsolnay, The Murugappa Group: Centuries-Old Business Heritage and Tradition, Kellogg Case #5-104-011, published 2004.

第9章

ガバナー〈統治者〉としての仕事

父親から受け継いだものを、もう一度自分で築き直す必要がある。そうしなければ、自分のものにはならない。

――ヨハン・ヴォルフガング・フォン・ゲーテ

スチュワードとアーキテクトというリーダー個人としての役割について記した先の二章では、わたしは敢えて平易な説明をしました。シンプルになりすぎるというリスクは承知のうえで、できるだけ理解しやすい内容にしたのです。しかし本章では、ガバナンスを行うガバナー（統治者）としての役割についてわたしが経験したなかで得た、（そこそこ）専門的で重要なスキルをお伝えしたいと思います。なお、正確には「さまざまなガバナーとしての役割」と表現しなければなりません。なぜなら、ファミリー内には異なるガバナーの役割があり、それぞれに異なるマインドセットが必要で、スキルセットも変えていく必要があるからです。

ガバナーとしての役割のなかで、最もわかりやすいのは事業の取締役でしょう。わたしの場合、近年ではこれにファミリーのガバナーとしての役割が加わり、ファミリー・オフィスを導入するという動きに伴って、ファミリーの資産管理の役割も加わっています。ファミリー・オフィスは、ファミリーの永続を目的とした独立の組織で、一族の資産の管理や運用、次世代の教育など、幅広い業務を行います。

本章でわたしがフォーカスするのは、どんな形であれガバナーを務めるのに必要なマインドセットと、その役目を担うために必要なスキルセットです（Framework 9-1参照）。

これらのマインドセットとスキルセットは、ガバナーが事業やファミリーにかかわるようになるときに発揮されるものです。同様に重要なのが、リーダーが事業から引退するときにも、ガバナーのように振る舞うことです。引退の時期が近づいたガバナーは、その日を決め、周囲に

Framework 9-1
4つのR

4Rs MATRIX

ROLES 役割	REQUIREMENT 要件	RESPONSIBILITY 責任	REMUNERATION 報酬
株主	ファミリーのメンバー	・配当方針 ・戦略的投資方針 ・取締役の選任	配当
取締役	能力／専門性、知識	受託者	市場の基準に基づいた報酬
幹部／従業員	資格・資質	ポジションによって決められる	市場の基準に基づいた給与

公表し、決められた時間枠のなかで権限を委譲するという目標の達成に力を注ぎます。日付を公開することで、権限委譲の計画に緊迫感が生まれ、主要な経営陣や従業員、サプライヤー、顧客などからの協力も得られるようになります。わが社のケースでは、日付を決めることで、ファミリーのメンバーが事業へのかかわり如何にかかわらず、スムーズな継承を成し遂げようと熱心にまた断固として取り組むことができました。それがわが社の継続に深く貢献したのだと思います。

ガバナンスを定めるためには、統治する組織が、ファミリーであるか、ファミリー・オフィスであるか、あるいは事業であるかにかかわらず、その組織のニーズと特徴を認識する必要があります。なお、ガバナンスを実施するために、必ずしもこの三つの組織が必要というわけではありませんが、一つ以上あると効果的です。この三つのなかで、わたしはファミリーのガバナーの役割が最も重要だと考えます。というのも、ファミリーという組織の目標は、事業とファミリー・オフィスの両方の力を得て達成されるからです。つまり、ファミリーのガバナーとなることで、ファミリーの他の組織でのガバナーとしての役割を、よりうまく組み立てられるようになるのです。そこで、まずはファミリーのガバナーとして力を付けていくなかで、わたし自身が学んできたことから紹介しましょう。続いて、事業のガバナーについての考えを述べたいと思います。

ファミリー・ガバナー

優れたファミリーのガバナーとなるには、ファミリーレベルでのリーダーシップが必要です。このリーダーシップは、スチュワードやアーキテクト、起業家の役割を果たすにも同様のリーダーシップが求められます。ファミリー・ガバナーのなかには、これらすべて、あるいはこれら以外の役割を演じる人もいますが、ファミリー・ガバナーは全般的に事業を行うファミリーであり続けることを強く意識しているようです。それによって、ファミリーと事業の両方でメリットを得られると考えるからです。ファミリーが事業を行う仕組みにエネルギーを投入することによって、ファミリーがオーナーであることの強みを育てようとします。こうしたリーダーは、ファミリー・カウンシル（第3章を参照）の会長となる場合も多いですが、それも不思議はありません。

この役割を果たすにあたって、リーダーのマインドセットは、オーナーであるファミリーをより積極的で行動的なグループにすることにフォーカスします。事業のリーダーやガバナーとは異なり、彼らは指名されるのではなく、ビジョンやエネルギー、インスピレーションを示すことによって、リーダーとして浮上してきます。

彼らはファミリーを責任のあるオーナーに、そして事業のスチュワードにしようと奮闘します。そのために事業のガバナー（取締役）と協働して、事業とファミリーの間で相互にメリットがあるような調整を行います。ファミリー・ガバナーは、ファミリー・カウンシルと取締役会のガバナンス構造の整合をとることによって、事業の成功に貢献します。

最も優れたファミリー・ガバナーに共通する特徴は、すべてのファミリー組織をカバーするガバナンスの統合的な仕組みを柔軟なマインドセットをもって創造するということです。ファミリー・ガバナーはこの仕組みの中の重要なプレーヤーとして、個人、ファミリー、事業を結ぶ取り組みに、可能な限り多くの人を巻き込みます。

このように統合的なガバナンスのプロセスを推進するファミリー・ガバナーが持つべきスキルセットとしては、強力な人間関係の能力が挙げられます。具体的には、人の話をよく聞くこと、効果的にコミュニケーションをとること、ファミリー・グループ内の視点を統合することなどです。こうすることで、ファミリー・ガバナーは責任感があり、誠実で頼りになる存在となり、評価と信頼感を獲得します。人間関係とコミュニケーションのスキルに加えて、ファミリー・ガバナーは学習に強い関心を持ち、継続的な学びの機会を活用して、自身の多様な専門性を補完しようとします。

ファミリーが共通の目標に向かって力を注ぐオーナーになるように、ガバナーはコミュニティの創造を行います。ファミリーが責任あるスチュワードとなり、レガシーの創造に取り組むコミュニティです。このコミュニティによって、ファミリーは全体としてのコミュニケーション能力を高め、その結果、世代間の関係がよりよくマネジメントされるようになります。こうしたファミリーのリーダーは、ファミリーであることが事業の真の強みとなるようメンバーを育てるのです。

当然のことながら、ファミリーのガバナーは教育を奨励し、ファミリー内部や、ファミリーと関連組織とのコミュニケーションを促進します。これを実現するために、メンバーが過去を尊重する一方でファミリーの事業と資産を未来の世代のためによりよく活かそうとするマインドが保たれるようにします。よいファミリーのガバナーは強い学習志向を示し、ファミリー内の人々にも、同様にするよう勧めます。

ファミリー・ガバナーは自身の幅広いスキルを向上させ、ファミリー内のスキルも伸ばすうえで、議論や考察をベースとした教育を好みます。そのテーマとなるのは、ファミリーの歴史や美徳、責任あるオーナーとしての義務、ファミリーのメンバーが果たす役割、ファミリー内で暗黙のルールとなっている事柄の表出や明確化などです。さらに、ファミリーのガバナーは社交を取り仕切るスキルやイベントを計画する能力を活用し、意見やアイデアを表明できる場や機会を提供します。また、ファミリーの一体感やつながりを醸成するようなイベントも企画します。こうすることによって、次世代の夢に力を貸すのです。

事業のガバナー（取締役）

ファミリー企業のガバナーとしての責任を担うようになったとき、そこからの学びはわたしのスキルセットに加わっただけでなく、マインドセットにも影響しました。

事業のガバナンスについて、あるいはガバナー（取締役）になることについて、わたしが最初に学んだ重要なポイントは、まず規律を持たなければならないということでした。規律とはつまり、自分の責任は事業に対するものであって、自分をガバナーの地位に就けた支援者に対するものではないと理解することです。ガバナーのマインドセットは全員を代表するものでなければならず、限られた数人だけを代表してはいけないのです。この点については、本章でさらに繰り返すことになると思います。

事業のガバナーとしての任務に取り組むにあたっては、他の役割（スチュワード、アーキテクト、起業家）とは行動も思考も変える必要があります。ガバナーの役割が実質的に他の役割を凌駕してしまうのです。というのも、事業のガバナーは、事業や経営、ファミリー、幅広いコミュニティに対して責任を持つだけでなく、法律によって定められた義務も負っているからです。地域によって細かな法律の状況は異なりますが、ガバナーとして取るべき行動は、地域にかかわらず同じです。

三つのP

ファミリーが所有している会社では、価値創造において、ガバナンス面での優位性がありま す。会社の所有と経営が一体化していると、組織の権限が起業家の手に集約されるのです。わたしは、ファミリー企業で優れたガバナーになるためのマインドセットの特徴で、この観点を踏まえたものを探しました。

するると、あるとき読んでいた本のなかで、わたしがファミリー企業のガバナンスの世界を観察してきた結果と合致するものを見つけました。その枠組みは以下の三つの概念を軸に構成されています。倹約（parsimony）、主観性（personalism）、自己中心主義（particularism）という三つのPで始まる言葉です。これらの言葉は、最初はとっつきにくいかもしれませんが、よく調べてみると比較的シンプルなものです。この三つの言葉は、ファミリー企業のガバナーの行動面での特徴を表しているだけではなく、ガバナーのマインドセットをも表すものとなっています。そして、ファミリー企業のガバナーと他の組織のガバナーとの、マインドセットの違いがここに表れています。

倹約　お金の使い方がつつましいということ。人は自分のお金に関しては、堅実な使い方をする。ファミリー企業のオーナーは、資本を慎重に振り分け、集中的に活用する。ガバナンスを行うにあたって、経営資源を注意深く守る。

主観性　ファミリーであるオーナーが、自分のビジョンを事業に投影でき、社内外から受ける制約が非常に少ないこと。こうした制約の少なさによって、ガバナーは会社を自分のものと見なすようになり、意思決定をする際には自分の選択による自己中心主義的な基準を用いるようになる。

自己中心主義　常に価値の最大化に根差した理性的で打算的な判断を行うのではなく、時にオーナーの主観的な懸念を反映する（Carney 2005）。

効果的なガバナンス

効果的なガバナンスを行うためには、自分が誰のために、何のガバナンスを行うのかを心から理解する必要があります。これは簡単なことに聞こえますが、ファミリーが所有する事業では、非常に難しいことなのです。

では、まず何のガバナンスを行うか。簡単な答えは「事業」です。しかし、本書全体を通じて示してきたように、ファミリー企業には非ファミリー企業ではあまり見られない特徴があります。そこでわたしは、ファミリー企業では、二つの重要なものを同時にガバナンスする責任があると考えます。つまり、先祖のレガシーと子孫の運命です。

それを効果的に行うためには、わたしの意思決定によってどんな経済的、社会的結果が生じるかを予測する必要があります。こうすることによって、意思決定を行うときに、ガバナーは長期志向のスチュワードの役割を補完することになります。

ガバナーとして意思決定を行うためにわたしが学んだのは、事業のマネジャーとは違うやり方が求められるということです。求められるマインドセットとスキルセットが異なります。ガバナーは、前述したように全員にとって何が最善かを決めるだけではなく、とても完璧とは言えない情報に基づいて意思決定をしなければなりません。時には、その情報が完璧にはほど遠いこともあります。一言で言うと、ガバナーの仕事とはそうした状況のなかで判断を下すことなのです。

これには専門家が「認知能力」と呼ぶものが必要になります。わたしはこの能力を発揮する際に、すべての意思決定を二つの方向から行っています。まず、自分の主張を考えます。そして、それを故意に回転させて、反対の主張も考えます。そして、二つの見方を合成するのです。これを行うには訓練が必要で、これを「巧みな先延ばし」と表現する人もいます。たしかに、傍から見ると非効率に見えるかもしれませんし、自信がないようにすら見えるかもしれません。

しかし、実際に行っているのは、その場で明らかになっているとは限らない解決方法を探すことなのです。その目的は、先にもお話ししたように、過去と未来の世代を考えながら、取締役として事業において責務を果たすことです。真のリーダーシップとは迅速な意思決定だと考える人も多いですが、わたしは必要に迫られるまで意思決定はしません。そのコツは、先延ばしを「巧み」に行うことで、「過剰」には行わないことです。

このプロセスにおいて重要なのは、前述したように、完璧な情報を入手することはないと割り切ることです。そのなかでできる限りよい情報を手に入れて、事業のカギとなる起業家的なプロセスを失速させないようにします。取締役としてのわたしの役割は、起業家精神を抑え込まず、逆に活性化させることです。そこに事業を行うファミリーとしての独自の力が存在すると信じているからです。したがって、わたしから読者のみなさんへのメッセージは、「曖昧さに対する忍耐力を持つこと」です。

ガバナーとしての役割でもう一つ特徴的なことを挙げると、この意思決定は合議的なものであり、そうあるべきだということです。ガバナーとして成功するための重要なスキルとしてわたしが身に付けたのは、「説得し、説得される」必要性です。説得するためには魅力のある意見が必要で、それが合意された戦略に沿うもので、ファミリーの価値観と信念に確かに合致するものでなければなりません。そうなると、戦略計画の重要性と、ファミリーの価値観を真に理解することの重要性が浮き上がってきます。これらが欠けていたら、方向性を示すことなどできないでしょう。

同様に、心を閉じた状態で取締役会に参加しても意味がありません。先ほどお伝えしたように、わたしたちは完璧ではない情報を基に判断を下しています。そうであるならば、心を開いて、自分の当初の意見とは大きく異なる意見に賛成するよう説得されるかもしれない、というつもりでいたほうがいいのです。

ガバナーとしての特性は、ファミリー企業に入るとき、そこで事業にかかわっているとき、そしてもちろん、引退するときにも示されます。加えて、リーダーはファミリーのガバナンスにもかかわり、おそらくは、ファミリーの資産を何世代にもわたって管理する、ファミリー・オフィスなどの組織にもかかわることになるのです。

デニス・ファミリーの場合

第7章で紹介したオライリー・ファミリーと、第8章で紹介したウィルソン・ファミリーの事例と同様に、本章でも一つ事例を紹介したいと思います。本章で取り上げたガバナンスのコンセプトを実践するような、ガバナンスに精通したファミリーの話です。

デニス・ファミリーは建設・不動産会社を創業し、大規模に成長させました。創業者夫妻には二人の息子と二人の娘がおり、夫妻はこの四人の子どもを小さな頃から、優秀なビジネスパーソンになるよう育てました。成人する頃には、四人はビジネスパーソンとして準備が整い、意欲があり、非常に能力の高い人物になっていました。

創業者夫妻は、四人が別々に仕事をしていても、それが本人たちの決めたことなのであればかまわないと考えていました。一方で、四人がそれぞれの強みを合わせて、今後の世代のために持続的なファミリー企業をつくれたならば、それも素晴らしいことだと感じていました。二人は子どもたちが事業に加わるようプレッシャーをかけたくはありませんでした。また、どんな結果になろうとも、関係する全員にとってフェアであるようにしたいと考えていました。

重要な意思決定

デニス・ファミリーは、ファミリー企業において統制と経営の執行とオーナーシップの問題が重なったときに生じる課題について、十分に認識していました。そのうえで創業者夫妻は子どもたちにこう尋ねました。二五年間かけて築いた資産をやがては清算し、売却代金を子どもたちの間で平等に分配する方向で両親は動いたほうがいいのか、あるいは、四人の子どもたちはかかわっている事業を両親の事業と統合し、専門的経営を導入するという課題に向けて取り組みたいと考えるか――。

四人の子どもたちは全員一致で、事業を統合し、「本当に成功させる」という希望を表明しました。彼らのさまざまな事業（農業、土地、開発、コンサルティング）を統合するという意思決定により、最初の公式なファミリー会議が開かれることになりました。

このファミリー会議はデニス・ファミリーにとって重要な転換点となりました。そこでは、最低でも、ファミリーのメンバー間や世代間でのさまざまな臨時の取り決めごとを、公式なものにする必要があると確認されました。言い換えると、彼らにはアーキテクチャーとガバナンスが、そしてアーキテクトとガバナーが必要だったのです。

この会議では、以下の行動をとることが決められました。

- 一つの組織を設立し、その組織を通じて、両親と四人の子どもたち（およびその家族）が事業を平等に所有する
- この組織が、四人の子どもたち、あるいはその配偶者、あるいは未来の世代からの要求に応えるものとする

基本的価値観

ファミリーのメンバー全員が、現在と未来の世代のためにファミリー企業を継続すると決定したところで、彼らは次の通り価値観と行動指針を文章化しました。それがファミリーと事業の支えとなるようにするためです。

- 相互に信頼し、尊敬し、理解し合う

・常に互いに正直かつオープンに相手に接する
・個々人を尊重しながらファミリーの関係を維持し強化する
・ファミリーのメンバー間で円満で協力的な関係を築く
・ファミリーの各メンバーに励ましとサポートを提供する
・常に、ファミリーと事業にとって最善となるよう行動する

ミッション・ステートメントと初期のガバナンス

四人きょうだいにとっての最初の任務となったのが、ミッション・ステートメントの作成でした。最終的には、次のようにまとめました。

現在の世代と未来の世代のために、長期的かつ持続的、そして利益を生むファミリー企業を築く。

続いてきょうだいは、透明性を高め対立の可能性を減らすため、ガバナンスの導入に進みました。ガバナンスは次のコンセプトに基づくものでした。

1　平等なオーナーシップ

2　持続可能な構造の開発
3　現在と未来の世代のための資産の永久的な保持
4　ファミリーのメンバーがこの構造から抜ける、または株式を売却するための規定の作成
5　離婚、精神的な病気、ファミリーのメンバーかその配偶者が「道を踏み外したとき」のための規定
6　配当の平等な分配

ガバナンスの取り組み

自社を他の成功しているファミリー企業と比較し、ファミリーは「お手本」となるガバナンスの例を自社に導入しました。具体的な取り組みとしては、次のものがありました。

1　取締役レベルでスキルが不足している部分を解明したのち、社外取締役を任命する
2　取締役会小委員会（監査、財務、ブランド・広報、マーケティング）とワークグループ、プロジェクト管理グループ（ＰＣＧ）を組織の上に重ねる形で設定する。それぞれの小委員会には少なくとも二人のファミリーが加わり（財務小委員会などには、社外取締役も入る）、ＣＥＯと必要に応じて関係する上級幹部も加わる。この構造により、ファミリーのメンバーは事業に何が起こっているかを認識でき、ファミリーがボトルネックとなることなく、

事業を推進できる

3 （ファミリーではない）ＣＥＯに日々の業務に関する完全な責任と自治権を与える

4 組織が詳細な方針と手順によって管理されるようにし、そうすることで、常にファミリーに質問しなくても機能するようにする

5 公式な配当方針や、加重平均資本コストなどの財務手法を採用する

6 ファミリーの問題はファミリー・カウンシルで対応することとし、取締役会では扱わない

7 事業にかかわるファミリーの報酬に関しては、外部のコンサルタントを活用して決定する

8 取締役全員に対して、年に一度業績評価を実施する

9 取締役全員の報酬は市場の水準に合わせたものとする

10 株主（ファミリーのメンバー）が事業の運営を行わないよう事業を構成する。ＣＥＯと上級幹部が取締役会の戦略と三カ年計画に従って事業を運営する

ガバナーが語る

きょうだいの上から二番目で、中核的なファミリー・ガバナーのある人物は、専門的経営の導入に際してぶつかった課題と、新たな構造と体系を考えて導入を進めるプロセスで出合った問題について、次のように語りました。

最初は、これほど難しいものだとも、これほど包括的なものだとも考えていませんでした。同時に、すべてが整ったときに、これほど満足感が得られるものだとは、おそらく想像していなかったと思います。ゆっくりと腰を掛け、事業を見渡して「やり遂げた」と感じられるときが来るものです。わたしたちがやり遂げたことは、非常に持続的だと感じています。なぜなら、すべてが非常に明確に定義されており、もし問題が生じたとしても、それに対処する適切な場（フォーラム）があるからです。「これはファミリーの問題なのか、それとも事業の問題なのか」と悩むような、グレーな部分はありません。

そうは言っても、時には問題がどこのフォーラムにもぴったりとは当てはまらない場合があります。しかし、誰もがそうしたプロセスを経験しているので、誰かが「これは取締役会で扱う問題ではない。ファミリー・カウンシルと相談しよう」と言ったとしても、あるいはファミリー・カウンシルで、「これは経営上の問題だ」という発言があったとしても、問題にはなりません。誰もが言いたいことを言えるのです。この構造を全員で築き上げ、尊重するようになるまでには長い時間がかかりましたし、簡単に昔の形に戻ってしまう可能性があります。ですから、常に注意をし、所属しているフォーラムが議論の場として適切であるように保っておく必要があります。

さらにこのガバナーは、「報酬」という、複雑で、対立が起こることも多い問題について、ファミリーがどのように合意しているのかを次のように話しました。

この構造には、細かな取り決めも多く組み込まれています。給与は取締役としての報酬とは完全に切り離されています。また、取締役の報酬は配当とも完全に切り離されています。配当はファミリー・カウンシルによって決定され、平等に分配されます。まず、ファミリー・カウンシルが配当総額の希望を取締役会に伝え、取締役会がそれを会社の上級幹部に伝えて、この三者、つまりファミリー、取締役会、上級幹部が一緒になって話し合います。たとえば幹部はこのような発言をします。「投資家として希望する額はわかりますが、事業の面から考えると支払える額はこれだけです。さもなければ、事業業績にマイナスの影響が及びます」。それを受けてファミリーと取締役会が調整して、配当の水準をどの程度にすべきか、それがいつ支払われるかを決めます。配当の割合は平等で、固定されており、ファミリーのメンバーの誰かが他の人よりも多くの株式を持ったり、事業の経営権を握ったりしないようにしています。

取締役としての報酬は、取締役会のメンバーであること、および平均で月二～三日の取締役としての職務に対して支払われます。一カ月当たりの取締役の職務は、取締役会の準備に一日、出席に一日、それに加えて、必要に応じて何らかの職務を時折行うことがあります。

三つ目は、事業内で雇用されている場合の報酬です。たとえばわたしの場合、正式なポジションに就いており、その責任も職務記述書に記載されています。報酬の決定に際しては、外部のコンサルタントに次のように話します。「これがわたしの役割と責任です。組織の規模はこのくらいで、売上と従業員数はこのくらいです。同様の企業や業界、他業界の同様なポジションと比較して、適切な給与パッケージを提示してください」。コンサルティング会社はそれを実行し、その額が取締役会に諮られます。取締役会には外部のコンサルタントも出席し、給与パッケージが決定されます。こうすることで、ファミリーの一員であることを基準としない、バイアスがかかっていない給与を決められます。給与はわたしのポジションを基準としたもので、わたしがそのポジションに就かない場合に、必要なスキルと知識、専門性を兼ね備えた人を雇うときに支払う金額です。

ファミリー内で事業に正式には雇用されていないメンバーは、事業においてコンサルタントとして行っている任務や、会議に出席した回数によって報酬が決められます。たとえば、夫婦で自分たちの事業を行っているファミリーの女性は、ときどきわたしたちの会社の会議に出席し、小委員会やプロジェクト・グループにも参加しています。彼女はその出席回数に応じて報酬を受け取っています。つまり、何に対して報酬を受け、何に責任を持ち、どのように支払いを受けるかがとても明確なのです。一年間に決まった額の支払いを受け、さまざまな任務を行うことを期待される、ということではないのです。

取締役会の役割について、このガバナーは次のように話しました。

わたしは、取締役会のメンバーには、一日目から積極的に事業に貢献してもらいたいと考えます。彼らにはその時間の大半を、今後に向けて戦略を検討するために使ってもらいたいです。わたしたちが気付いたのは、取締役会レベルの外部の人材を最大限に活用するには、彼らの時間を使ってファミリー・カウンシルで扱うべき問題について議論したり、ファミリーの雇用について議論したりすべきではない、ということです。そうした問題は、取締役会から外されました。

わが社の取締役会は非常に計画的で、形が整っています。また、会社全体に小委員会やマーケティング、財務などの仕組みを設置したことで、すべての事業上の情報が小委員会に吸い上げられ、そこから取締役会に提供されます。したがって、取締役は、非常に洗練された、詳細かつ包括的な資料を取締役会で見ることになります。その厚さは約二センチにもなりますが、エグゼクティブサマリーも付いており、必要に応じて多く知ることも少なく知ることもできる構成になっています。関連する資料も添付してあるので、知りたいレベルまで掘り下げることができます。そして、そのなかにはファミリーの問題は含まれていません。

ガバナンスが動く仕組み

こうしたプロセスを通じて、このデニス・ファミリーのガバナーは同社のリーダーとして頭角を現し、次第に事業の変革を導く責任を担うようになっていきました。たとえば、同社のエッセンスである「ようこそ、わたしたちファミリーへ」というメッセージは、従業員の意見を聞いて言葉にしたものです。このエッセンスを補強するためにファミリーが表現した同社の価値観は、正直、誠実、品質、情熱、思いやり、ビジョンでした。この価値観に基づいた同社のビジョンは「市場主導型で、顧客にフォーカスした組織を築いて利益を生み出し、持続的で、長期的な事業を創造する」となりました。

経営陣は戦略をゼロから三年間実行する責任を与えられ、予算対比で業績が評価されます。株主は、公式な月例の取締役会を通じて戦略をモニターし、そこではＣＥＯが予算対比で業績について説明します。部門や事業部門、事業地域との関連で説明が行われることもあります。月例の取締役会では、翌月の業績予測も予算との対比で説明され、過去一年間の業績も報告されます。年度末の業績報告に向けて、四半期ごとの業績予測の修正も伝えられます。

事業にはさまざまな取締役会小委員会が設置されて、定期的に会議を開いています。それぞれの小委員会には、取締役会の代表としてファミリーの少なくとも二人のメンバーが参加して、事業の継続性と戦略との一貫性を確認します。小委員会に加えて、プロジェクト管理グループ

（ＰＣＧ、実質的にはミニ取締役会）も設立されて、特定のプロジェクトや開発を進めています。それぞれのＰＣＧにもファミリーのメンバーが二人参加しています。彼らは、小委員会やＰＣＧの目的を実現する責任は負いませんが、戦略に従っているか、ファミリーの知識や専門性が生かされているかを確認するために出席します。

そして、ワークグループも、ＩＴや方針や手順、戦略計画といった特定の業務を担当し、ここでもやはり一つのグループに二人のファミリーが加わります。加えて、二カ月に一度のスタッフ・コミュニケーション・ミーティングにはスタッフ全員が集められ、会社の業績について新たな情報が提供され、組織中に情報が流れるようにしています。

同社の指揮系統は、意図的に対立を減らし、透明性を高めるように設計されています。指揮系統は縦・横の二方向があり、縦のラインはワークグループ、ＰＣＧ、小委員会、取締役会を通ります。横のラインは、分野や機能、たとえば土地開発、住宅建設、マーケティングなどです。

ガバナンス、企業文化、コミュニティ

第５章で紹介したスチュワードシップとの関連で言うと、従業員は自分たちが、さまざまなＣＳＲ（企業の社会的責任）活動を通じてコミュニティに貢献している企業に属していると感じています。つまり、ファミリーの価値観が、会社の資料のなかだけではなく、目に見える形

として表現されているのです。

そうなると、このファミリーのために働くのは、「単なる仕事」以上のものになります。さらに、強力なコミュニケーションのチャネルが組織中に確立されたので、従業員は「よき企業市民であり続ける」というファミリーの方針に貢献することができます。ファミリーのオープンさ、透明性、利益分配制度などにより、すべてのレベルの従業員が、ファミリーの核となる価値観の実現に取り組む意欲を持つのです。

あるシニア・マネジャーが、地域社会へのファミリーの献身を象徴するプロジェクトに参加した経験を話してくれました。

その農村地域で、わたしたちは恵まれない家族や若い人たちに住宅を供給したり、貧しい人たちに利益を寄付するなどの活動を通じて、支援を行ってきました。この活動は、わたしたちのスタッフや職人、それ以外のコミュニティのメンバーに劇的な効果をもたらしています。スタッフは恵まれない人たちに貢献することで、よい行いをしたという感覚や、自己達成感を得ています。スタッフや職人たちは、数えきれないほどの時間をこのプロジェクトに捧げています。そのことと、プロジェクトの実現をわが社が支えていることが、人々を思いやる会社で働いている誇りにつながっています。

わたしたちのような会社は、単にお金を寄付するだけではなく、専門性と時間を活用して人を助けることができます。それに加えてわたしが気付いたのは、思いやりのある組織で他の人たちと交流することを通じて、大きなチャンスが生まれるということです。

デニス・ファミリーは、質の高い従業員を引き付けることが、専門的な経営の実現で不可欠な部分だと理解しています。創業者は会社の設立以来、従業員を重視してきました。大規模なファミリー企業となったいまでは、組織が成長するにつれ、意欲のある従業員を育てることが難しくなってきているとファミリーは考えていました。

組織のアーキテクチャーの変革で課題となったことの一つが、従業員にこの変革のメリットを認識してもらうことでした。専門的な経営の導入プロセスで、同社が市場のリーダーであり続け、それによって質の高い従業員を引き付けられるよう、ファミリーはさまざまな取り組みを行いました。ファミリーは従業員の貢献への感謝を方針や活動を通じて、積極的に表しました。それには、以下のようなものがありました。

・予算を上回った利益のうち五〇%を従業員に配分する
・ファミリーは「安全、従業員、製品、利益」がファミリーの優先事項であることを表明する（最初の三つが整うことによって、四つ目が生じてくると理解されている）
・全従業員が継続的な学習に取り組む

・会計と財務の報告において隠し立てをしない
・従業員が関与する慈善活動を大切にする

予期せぬ課題

デニス・ファミリーの中心的ガバナーは、予期していなかった課題についても話してくれました。それは、ファミリーが事業に深くかかわるようになったいまこそ、メンバーは「ファミリー」に継続的にフォーカスしなければならないということです。彼は次のように話しました。

わたしが最近気付いたことは、ファミリーのメンバーが「ファミリー企業」のメンバーであることばかりにフォーカスするのではなく、「ファミリー」のメンバーとしての役割を理解する必要があるということです。たとえば、社交的な集まりを開いたとき、仕事関連の話ばかりをし続けないよう意識すべきです。いまは、そのための場があるのですから。たとえば、わたしの父は祖父としての役割があり、彼はその役割の大切さを理解する必要があります。それは、わたしが父や夫、きょうだいとしての役割を持っているのと同じです。

わたしたちはこれまで一生懸命に仕事をしてきて、いまその結果が見えてきています。しかし、忘れてはならないのは、ファミリーのメンバーとしての役割が究極的にはより重要だということです。わたしが言いたいのは、わたしたちは事業に取り組み続けるとともに、ファミリーにも取り組み続ける必要があるということです。

ガバナンスのプロセスを率いてきた自身の役割に関連して、このガバナーは最後にもう一つアドバイスをくれました。

はじめの頃わたしたちはみな、専門的経営の導入プロセスと、それを適切に実施するのにかかる時間と労力を、低く見積もり過ぎていました。教訓として言えるのはこういうことです。

「それがどれだけ大変か、また時にはどれだけ難しいかを見損なわないように。でも、それによって手にする恩恵は、計り知れない」

デニス・ファミリーの事例は、対立を減らして、納得感を増すために構造と体系を導入するガバナーとしての役割を描き出しています（Framework 9-2 参照）。またこの事例はわたしにとって、ガバナンスがエージェンシー・コストを減らすということと、スチュワードシップのメリットについての優れた例となっています。ここまでくると、これらの概念がいかに互いに結びついており、かかわり合っているかがわかると思います。

Framework 9-2
ファミリーのイノベーション

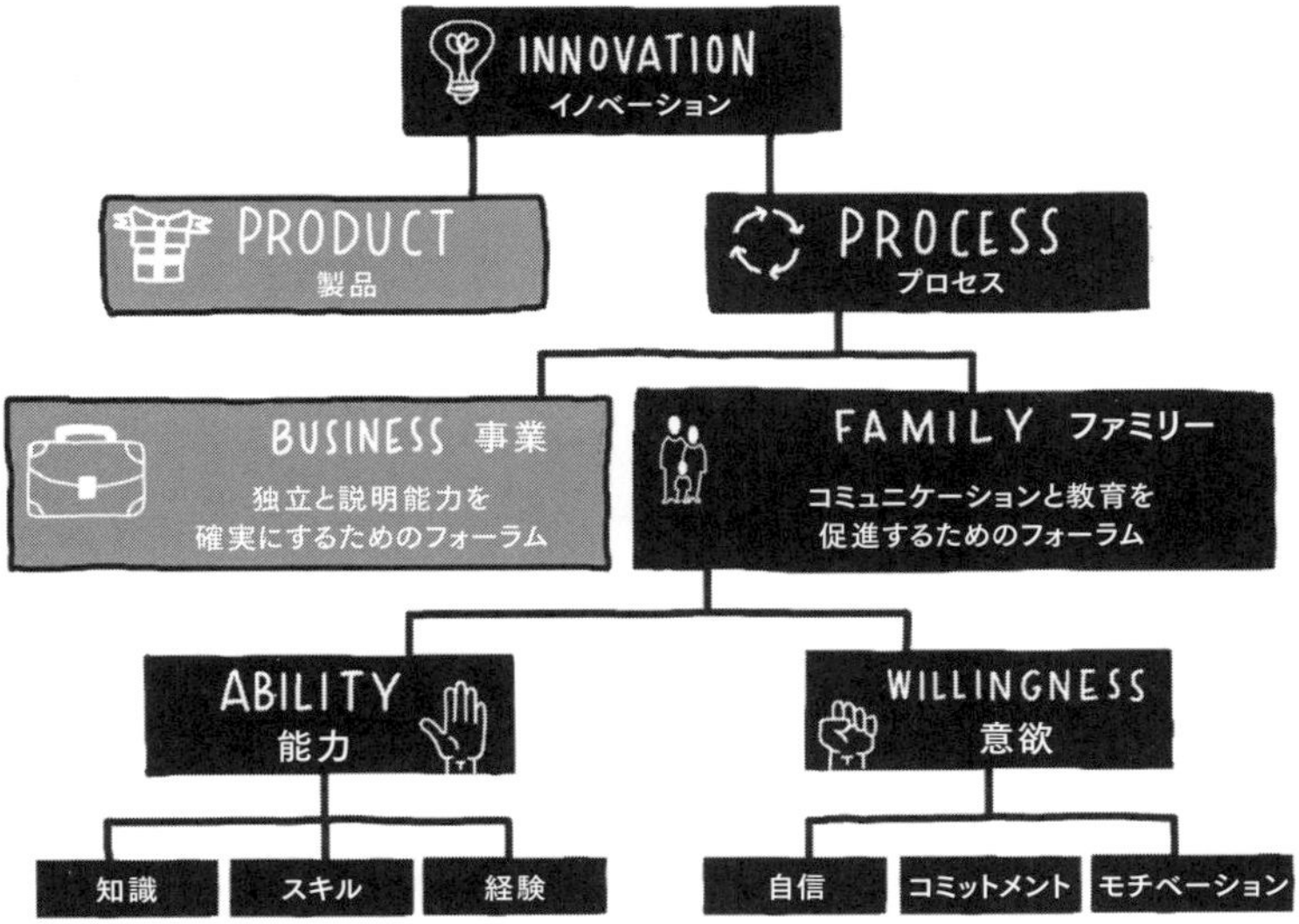

第9章のまとめ

ガバナーが理解していなくてはならないのは、ファミリーと事業の長期的な成功のためには、どのレベルでも、どの場所でも、コンセンサスを得ることにフォーカスした意思決定が不可欠だということです。また、一見矛盾したアプローチが実際には機能する場合があるということも受け入れなくてはなりません。特に、ファミリーが受け継ぐべきものとは、未来世代のために富だけでなく新たな機会を創造することにおいて、適応性と積極性を同時に発揮する能力だと理解する必要があります。

三つの学び

- ファミリー・ガバナーには、非常に独特なスキルセットが必要だ
- ガバナンスの体系と構造には深い意味がある
- よいガバナンスの結果、説明能力が生まれる

ケーススタディ【ガバナー】

何世代も続くあるファミリー所有の大手化学薬品会社で、部門のバイスプレジデント兼ゼネラルマネジャーで、ファミリーではない人物が、ある工場の買収について同社の取締役会の環境・健康・安全委員会にプレゼンテーションを行おうとしていた（同委員会はファミリーと非ファミリーの外部メンバーで構成されていた）。この前に、彼はこの買収の戦略的な価値について部門のリーダーを説得し、買収を急ぐ必要があることも説明していた。なぜなら、買収先の親会社が米連邦破産法第一一条を申請し、工場を閉鎖しようとしていたからだ。

取締役会の承認を得ることは、次のような理由から、大きな困難を伴うものだった。

- 工場が稼働を続けられるかはっきりしていない
- 工場の運営を行うには親会社とシェアードサービス（間接部門共有）の取り決めをする必要がありそうだった。親会社も工場を使い続けるからだ
- 買収によって、専門性が高く労働組合に所属する労働者を自社に迎え入れることになるが、自社には組合に加入している人はほとんどいなかった
- デューデリジェンスによってその工場には何千万ドルもの環境リスクが存在することがわかった

最後の点が特に重要だった。というのも、同社は何世代にもわたって環境を大切にしてきた歴史があり、同社の幹部や取締役らは、過剰な環境リスクがある企業の買収に乗り気でなかったからだ。

最終的には取締役会は買収を承認した。その理由は、直感的に捉えにくいかもしれない。このファミリー企業の価値観が、強い環境保護と持続可能性を中心としているのであれば、取締役会は買収を却下すると考えられそうだ。

しかし、何度ものデューデリジェンスと、リスクモデリング、取締役の要請によるリスク緩和計画の作成を繰り返したあと、取締役会は買収に合意した。同社の自然界を尊重する価値観と、長期志向、戦略的価値の観点から考えて、この一見リスキーな買収が完璧に認められるべきものであると判断したのだ。

あまりに問題が多すぎることから、競合企業は買収を検討せず、そこから同社の競争優位性が生まれた。長期的にはこの力を注いだ買収が利益を生んで成長し、仕事を失わなかった経験豊かな従業員たちとともに、環境的にクリーンな事業を築くことができたのだ。

ケーススタディからの学び

- 幹部チームとファミリー企業の取締役会（つまりガバナーたち）は、一般的ではない戦略と戦術をともに評価し実行した。その際、ファミリーと事業の価値観を手引きとして活用した。その価値観には、「あらゆる意見を尊重する」「すすんで説得される」などがあった
- ファミリー企業が事業にもたらす強みを総合すると、非ファミリー企業に対し競争優位性が生じる
- ファミリー企業のパラドックスは、よい結果につなげることができる。ゼネラルマネジャーは、この買収が正しいと信じていたが、環境の持続可能性という同社の価値観に反しているようにも思われた。それでも「どちらか」ではなく、「どちらも」という選択をした

このストーリーは、次のケーススタディを基に作成された。
John Ward, Carol Adler Zsolnay, and Sachin Waikar, A Diamond in the Rough: J. M. Huber and the PATH Business, Kellogg Case #5-416-757, published 2017.

第10章

アントレプレナー〈起業家〉としての仕事

わが社は一〇〇年の歴史にあぐらをかいたりはしていません。わたしたちの製品はシンプルです――タイヤがついたワゴンです。でも、その分野では非常に革新的なのです。

――ロバート・パシン
ラジオフライヤー　第三世代リーダー

ファミリー企業のリーダーは起業家である

一般的に、わたしたちファミリー企業のリーダーは過度に保守的で、経営資源を過剰に節約し、感情にフォーカスし過ぎて経済にはあまり関心がない、と考えられています。こうしたマインドセットがあるとしたら、すべてイノベーションや事業の革新の邪魔になります。しかし、こうした「一般的な見方」は事実とは異なっており、ファミリー企業のリーダーは別のマインドセットを持っているとわたしは気づきました。こうしたマインドセットがあるからこそ、事業の創設や拡大、再編のどの段階においても、わたしたちは起業家であると考えられるのです。

新事業や部門を創設する際に、わたしたちは内部の資金、主に忍耐強いファミリーの資金を活用します。そのとき求められるのが起業家精神です。この資金と、それによって意欲のある人材を手に入れられることが競争優位性をもたらします。忍耐強い資本と長期志向が、事業と評判を築くための時間とエネルギーを与えてくれるからこそ、会社を成長させることができるのです。加えて、そうした特徴が教育への投資を促進し、イノベーションと事業の更新を進める人材を育てるのです。

スリー・サークルが交わる場所

ファミリー企業における起業家精神について長期にわたって熟考したのちに、わたしはファミリー企業のリーダーの起業家的マインドセットは、この本で紹介してきたさまざまなフレームワークを統合することによってうまく説明できると考えるようになりました。

まず、ファミリー、オーナー、経営執行者から成る、三つの円のベン図を考えてみましょう。ここでリーダーを三つの円が重なり合う中心部分に置くと、リーダーが事業の成長と、ファミリーの世話、オーナーのための資産の創造の三つに責任を持つことが明らかになります。これを実現するためには、リスクを取ることと、進取の気性を持つこと、革新的であることが必要です。これらは第４章で説明した起業家志向の三つの側面です。

このようにして見ると、わたしたちはたしかに起業家的です。ただし、わたしたちの起業家的マインドセットは、三つのグループ（ファミリー、オーナー、経営執行者）を満足させるために多面的なものになります。そして、この三つのグループは常に変化しています。

ここでわたしがこの本を通じて強調し続けてきたことが重要になります。それは、わたしたちは自らを、長期志向を持つスチュワードだと考えているということです。長期志向が継続性と忍耐力、未来志向で構成されるとすると、わたしたちの起業家的マインドセットは、典型的な起業家のそれとは異なるでしょう。もちろん、ファミリー企業以外の起業家が、継続性や忍耐力、未来志向に欠けているというわけではありません。しかし、わたしたちは未来の世代を常に心に描きながら起業家的な意思決定をしている、その点がわたしたちの世界を決定づけているのです。

少し立ち止まって、三つの円の図（Framework 10-1参照）を使って、いま紹介した相互に関連し合う概念を理解しましょう。複雑ではありますが、この図はファミリー企業のリーダーの起業家的マインドセットの中身をよく表しています。

わたしたちの起業家的な意思決定は、ファミリーの未来の世代に加えて、他の重要なグループにも影響を与えます。顧客、従業員（拡張ファミリー）、そして社会です。ある見識を備えたリーダーがこう言いました。「わたしは事業のレガシーを創造したい。従業員や顧客が、『このファミリーは強い使命感をもって事業を行っている』と言うようにしたいのだ」

わたしは長寿のファミリー企業からのメッセージは、大いに検証する価値があると思っています。たとえば、ＳＣジョンソンの二代目経営者だったハーバート・ジョンソンが、同社のターゲット顧客の重要性について強調したスピーチがあります。一九二七年に、同社が年に一度開いているプロフィット・シェアリング・デーで行われたスピーチで、そこで彼は自らが重視していることを次のような言葉で従業員に伝えています。

結局のところ、この事業は象徴以外の何ものでもありません。非常に多くの人々がこの事業の製品についてよく考え、非常に多くの人がこの製品をつくる人々の誠実さを信じています。やがては、いま活発に動いている機械も時代遅れになってしまうでしょうし、立派な建物も建て替えられるでしょう。しかし、象徴である事業は、人類が存在する限り生き続けます。事業は、鉄やコンクリートなどの劣化する材料でつくられているのではなく、永遠に生きる可能性がある人間の意見でつくられているからです。どんな事業においても、従業員の善意のみが不朽のもので

Framework 10-1
3で考える

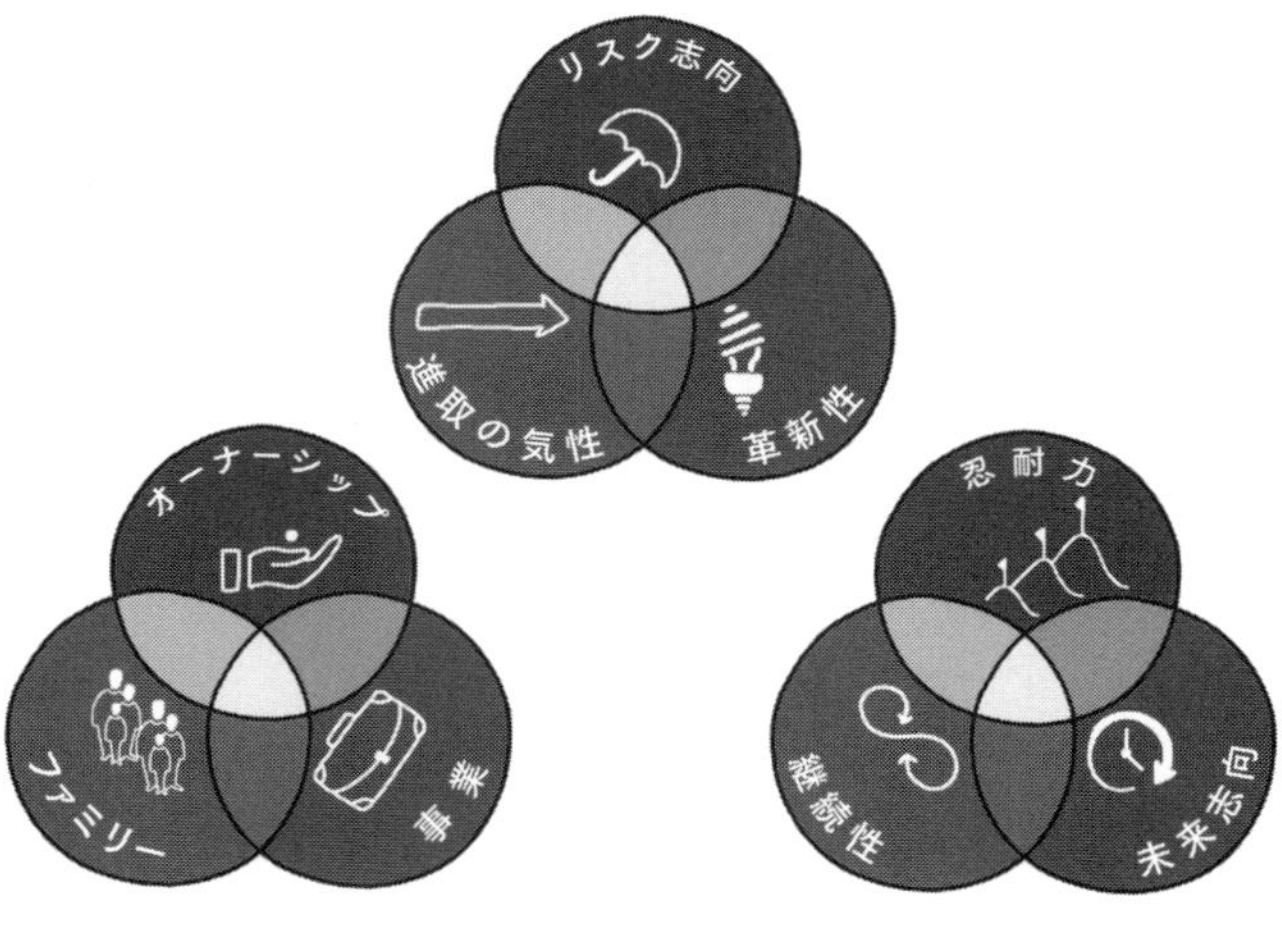

す。それが唯一の中身です。……それ以外のものは影なのです。

起業家のスキルセット

ファミリー企業の起業家のマインドセットが、Framework 10-1に示したものであるとすると（さらに先ほど、意思決定が影響を与えるものとして、四つ目のトリオを紹介しました。顧客／消費者、従業員、社会です）、ファミリー企業の起業家に必要なスキルセットは何でしょうか。当然のことながら、わたしはその点についても十分に考え、その過程で、いくつかのフレームワークに巡り合いました。

準備ができている、意欲がある、能力がある

リーダーに必要な要件としてわたしが考えるのは、①準備ができており、②意欲があり（マインドセット）、③能力がある（スキルセット）ことです。準備ができていて、意欲を持つためには、自信と熱意、モチベーションが必要です。一方で、能力を持つためには、知識とスキル、経験が必要です。

わたしは最近これをさらに一歩進め、ファミリー企業のリーダーとしての役割は、医療分野

の「スペシャリスト」に近いと考えるようになりました。優秀な医療のスペシャリストが持つべき特徴を考えたところ、ここでも、三つの要素があると気づきました。すなわち、スキル、勤勉さ、判断力です。これらは、わたしがファミリー企業のリーダーとしてステークホルダーに示さなければならない要素と同じです。そして、次の世代に期待する要素でもあります。

経営資源を把握し、統合する

こうして考えてきた結果、ファミリー企業の起業家を真に特徴づけるものは自社独自の資源を活用する能力（スキルセット）であると気づきました。その能力によって、自らの事業がどのようにして競争優位を維持できるかを考えるのです。

わたしが事業のリーダーとなるべく父のもとで修業をしていたときに、自社が他の企業とどう違うのかを理解することに、ひたすら集中していました。そして、わたしたちが自社の経営資源を独自の方法で組み合わせて活用できるということが、その違いであるとわかりました。この能力が、起業家的リーダーシップをとるための重要なスキルセットとなるのです。

一般に「経営資源」といえば金銭的な経営資源と考える場合が多いのですが、それだけではありません。社会資本、評価、（ファミリーも含めた）人的資源、物的資源、そして価値観を中心とした文化も、ここに含まれます。ファミリー企業における起業家的リーダーシップをマスターした人は、これらの経営資源を過去のリーダーが、各ファミリー独自のやり方で組み合わせ、統合してきた方法を理解する力を持っています。この能力は、自社の経営資源を活かした戦略を進める際に根本となるものです。

ファミリービジネスの世界でだけではなく、すべてのリーダーがこの課題に向き合っています。それでも、ファミリー企業のリーダーは、非ファミリー企業のリーダーにはない課題とチャンスに向き合うことから、両者のあいだに違いが生じます。ファミリー企業のリーダーには、感情やレガシー、ファミリーのステークホルダーなどの要因が、プラスとマイナスの両方の影響を及ぼすのです。真のスキルセットは、経営資源を組み合わせて持続的な競争優位を築く際に、こうしたファミリー的な側面によるプラスの影響を最大化し、マイナスの影響を最小化することです。

破壊と融合

ファミリー企業における起業家と起業家的活動についての議論を全体的に把握するために、わたしはこのテーマに関する初期の研究を掘り下げるようになりました。というのも、起業家やイノベーションに関しては、さまざまに異なった説明が行われているからです。わたしが調べたのはシュンペーターとコースによる研究です。二人の研究を調べることで、起業家が自身のイノベーションの能力や、ファミリー企業のイノベーションの力を育てることについて、理解しようとしました。ここからの説明は少しややこしくなりますが、重要なものですのでどうかおつきあいください。

有名な経済学者で起業家精神の教祖ともいえるヨーゼフ・シュンペーターによると、起業家的活動とは、新製品、あるいは新しい生産プロセスを導入することです。つまり、新製品を生み出すか、既存の製品を革新的な方法で生産することです。シュンペーターの言う起業家やイノベーターは、革新的なプロセスや製品の創造によって、生産や市場の流れを破壊することで、利益を生み出します。言い換えると、その人物はこれまでのやり方から離れることにより、インプット（投入）とアウトプット（産出）の価格のあいだに一時的な差をつくり出すことができるのです。シュンペーターの議論のポイントは、それを真似できる人が出てきて、プロセスと価格が調和するまで、最初のイノベーターは先行者利益を確保することができるということです。

そのようにして、シュンペーターの言うイノベーターは、既存の市場の均衡を破壊して新たなチャンスにつながる変化を起こすのです。起業家的なイノベーションのどれもが、やがては新たな均衡に至るものの、起業家は均衡を生み出す勢力ではなく、不均衡を生み出す勢力として現れるのです。つまり、起業家（あなたやわたし）は、常に破壊を目指すのです。

もう一方のロナルド・コースの議論は、シュンペーターの説とは異なるものの、それを補完するような説明となっています。コースは起業家を、変化を実現する人とは考えませんでした。コースの言う調整者的なイノベーターは、効率を実現する人です。外部の市場圧力を受けて組織を調整し、最適な生産方法を選択する役割を果たします。

この二人の議論は互いに補完し合うものです。つまり、「どちらか」ではなく、「どちらも」なのです。この解釈は、ファミリー企業のリーダーとしてのわたしの役割にも当てはまります。わたしはいまの状況を壊す必要がありますが、もう一方で、状況を落ち着かせて、効率と調整を実現する必要もあるのです。

技術主導型スキルと事業主導型スキル

続いて、起業家的なリーダーシップに必要なさらに具体的なスキルセットについて見てみましょう。それは次の二つの（今回は三つではありません）別々の能力を形成し管理できることです。

1　技術主導型の能力（技術開発の能力とオペレーションの能力）
2　事業主導型の能力（マネジメントの能力と商売の能力）

技術主導型の能力は、新製品やプロセスの創造を促す力です。一方の事業主導型の能力は、技術主導型の能力の統合と調整を行う力です。前項の話に戻ると、技術主導型の能力はシュンペーター的な見方（最高破壊責任者としての役割）、事業主導型の能力はコース的な見方（最高統合責任者としての役割）に分類することができます。

このように、起業家的リーダーはシュンペーター的かつコース的であり、技術的（破壊者）かつ事業的（統合者）であるのです。

破壊者（技術主導型）の役割においては、技術の能力が必要となり、それが製品やサービスにおいて、新たな技術のパターンやインスピレーション、ブレークスルーなどを実現します。加えて、オペレーションの能力も発揮する必要があります。言い換えると、プロセスに集中する必要があるのです。ここでは非常に実務的な力を持つ必要が生じます。継続的なコスト削減や品質の改善、戦略的な柔軟性、ステークホルダーへの対応などによって、戦略的な優位性を築く能力が求められるのです。

一方の統合者（事業主導型）の役割には、マネジメントの能力が関係します。技術が変化する状況で、行動を起こし適切に対応する必要があるのです。どんどん複雑化し、予測がしにくくなる現在の環境では、問題解決と意思決定を以前よりも不完全な情報に基づいて行うことになります。そこでは、マネジメントにはさまざまなスキルが必要になり、それを柔軟に適用しなければなりません。また、独創的な対応も必要になります。それによって、不確実性から生じるコスト削減の要請に応えたり、経営構造の継続的な調整や、経営資源の調整を行ったりします。この能力によって、継続性とイノベーションを組み合わせることができるのです。

しかし、このマネジメントの能力に加えて、リーダーには商売の能力も必要になります。この点は、多くの人が自分のスキルをチェックする際に見逃しがちです。起業家なら、誰でも「売る」必要があります。

この観点からわたしが提起したいのは、ファミリー企業のリーダーが力を高め、またその結果、持続的な競争優位が高まるのは、リーダーが自社のイノベーションの力を商売につなげられる場合だということです。なぜかというと、新製品が「技術的な能力」から生まれ、企業の「オペレーション能力」によって導入されたプロセスで効率的に生産され、その企業では優れた「マネジメントの力」によってすべての部門が調和しているとすると、あとは、マーケティングや交渉、配送のコストが削減されれば、その新製品は利益が出る形で取引されるからです。

以上で述べてきたシュンペーターとコースの枠組みで、非常に優れたファミリー企業の起業家的活動の例を紹介しましょう。テクニグロは植生管理と造園の事業を行っている企業で、研究開発では受賞歴があり、業界をリードする革新的な商品で知られています。ドリフトプルーフ・スプレー、スマートワイパー、エコウォッシュ、エコスプレー、セーフティ・カプセルといった製品を販売しています。

ニック・ブルアとテクニグロの場合

ブルア・ファミリーは、次の価値観を掲げていることを誇りにしています。

1 よりよい方法を見つける
2 より多くを達成する
3 耳を傾ける時間を持つ
4 正しいことを行う

彼らの信条はわたしが本書で紹介してきた考え方と非常によく一致しています。なかでも、植生管理の方法を変えるため、従業員や、知識、技術、手法などを活用することにおいて、それが見られます。

ニックの戦略はずっと、ファミリーを意思決定に巻き込むことでした。彼らの事業は常に起業家志向で、長期的な視点も兼ね備えています。起業家的でありながら、あまり多くのリスクにさらされないよう、同社は顧客との密接な関係を維持してきました。顧客の視点を生かすことが彼らのイノベーションの性質と形にも影響します。彼らはより競争力のある形で、つまり、よりよく安全な植生管理を手頃な価格で提供できるよう、サービスを提供しようとしています。テクニグロを率いる起業家としてのニックを観察するなかでわたしが得た学びは、他のファミリー企業の経営者の手引きともなるものです。特に、革新的な行動を促進したいと考える経営者には、彼の次のような姿が参考になるでしょう。

1　社内外のステークホルダーを受け入れる
2　長期的な視点
3　アーキテクトとして、シンプルな設計を重視する。それがオープンなコミュニケーションと組み合わさると、多くの複雑さが回避できるだけでなく、起業家的な文化が促進される
4　学習への熱心な取り組みと、「認知スキル」の改善
5　ファミリーの金銭的・非金銭的な資源を活用する力
6　ファミリーの延長線上にある事業に対し、ファミリーが信念を共有していること

わたしがテクニグロや他の起業家の活動を見てきたことを表すと、それはFramework 10-2に描いたような、二つの顔を持つヤヌス・モデルとなるでしょう（ヤヌスはローマ神話の門の守護神）。ここで描いた二つの顔は、シュンペーターとコースです。一人が破壊し、一人が統合する。ニック・ブルアは間違いなく破壊者であり、統合者でもあります。彼はその技術主導型のスキ

ルセット（つまり、技術開発の能力とオペレーションの能力）と、事業主導型のスキルセット（つまり、マネジメント能力と商売の能力）を磨いて、経営資源を独自の方法で組み合わせて、持続的な競争優位を築き上げたのです。

Framework 10-2

シュンペーターとコース

第10章のまとめ

どんな起業家であっても、成功するには、新しさを創造する破壊力を、生産や管理の能力、および最終的にはオペレーションを統合する能力で補完しなければなりません。ファミリー企業の起業家であるならば、さらに多くのことを行う必要があります。すなわち、彼らは起業家、アーキテクト、ガバナーとしての役割を、スチュワードの役割で補完する必要があるのです。

ファミリー企業のリーダーであるわたしたちは、必ずしも起業家についての一般的な描写には同意しません。わたしは、自分の行動を他の人々がどう考えるかではなく、自分自身で解釈することで、起業家的なリーダーとなることの重要性を理解できると考えます。シュンペーターとコースという二人の学者の考え方を学んだいまでは、起業家的リーダーとしてのわたしの役割は、複数の顔を持つということに納得しています。つまり、破壊者と統合者です。

三つの学び

・ファミリーのリーダーの起業家的活動の形は、他とは異なる
・忍耐強い資本と経営資源の斬新な組み合わせが、ファミリーによるオーナーシップにおいて活用できる強みである
・ファミリーと事業の現在および未来のニーズを解釈し、優先順位づけすることが、起業家的リーダーとしての行動を促進する

ケーススタディ【アントレプレナー】

あるファミリーが運営する小売業（以下、ＦＲ）は、大都市の郊外に約一五万四〇〇〇平方メートルの敷地を持ち、そこで家電製品販売店を運営していた。その店舗は、単店舗の家電製品店としては二〇一〇年時点で全米最大で、売上高は三億ドルを超え、従業員は一〇〇〇人、顧客は半径一六〇キロメートルの範囲に広がり、四つの州に及んでいた。二〇〇八年と二〇〇九

年の経済停滞期にも、同社の事業は年率一〇%から一五%の成長を維持していた。

その敷地内には、ラスベガスの豪華なホテルのロビーを模したショールームがあり、顧客サービスや修理、Eコマース、設置などの部門があった。他には、倉庫や配送センター、二二〇台のトラックのための整備場と駐車場、テレビとコンピューターを備えた従業員用カフェテリア、そして従業員用のジムなどもあった。

FRの顧客一人当たり従業員数は、業界平均の三倍だった。従業員の勤続年数は平均五年で、これも平均の二・五倍、二〇年以上働いている従業員も大勢いた。その会社の二世代目のリーダーである、ファミリーの一人息子は事業の運営についてこう語った。「わたしたちはすべてを自社で行っている。設置も自社で行い、サービスも自社で行う。他の誰かに頼んだら、その人はわたしたちほど丁寧にやらないとわかっているからだ」

FRは一九三六年に設立された。夫婦が自宅の地下室を倉庫として、ラジオを売ったのが始まりだった。夫婦には、一人息子のほかに娘が二人いたが、息子はその事業で働くようになり、やがて姉妹の株式を買い取った。二〇一〇年にはその息子は七一歳になっていた。元気に仕事を続けており、CEOの肩書も保持していた。

彼の四人の子どもたちは、大学を卒業してから他社で二年以上働いたのちに、全員がこの会社に加わっていた。いまでは三九歳から四六歳で、全員が共同社長の肩書を持っていた。最年長の子どもは財務を監督し、会社の広報担当だった。二番目は顧客サービスと人事の仕事をしていた。三番目はＥコマース部門を率いていた。四番目は広告と販売、家電製品の仕入れを担当していた。全員が結婚し、合計で一一人の子どもがいた。

ＣＥＯは、必要なときには外部から非公式なアドバイスを受けていたが、同社にはこれまで取締役会がなかった。ＣＥＯは言う。「自分たちのあいだで、迅速にものごとが進められる。あまりに形式化されて議論が行われるようになったら、この速さは実現できないだろう。九八％くらいは、子どもたちの意見が採用されている」。しかし、子どもたちの見方は違った。「最終決定するのは父さんだ」

ＣＥＯはその革新的な販売方法で知られていた。ＦＲは米国内の小売店で初めて、超高級ホームシアター・システムを販売した。四人の子どもの一人が、高級腕時計の売り場を店内に設けることを提案すると、ＣＥＯはそれを実施した。また、店の近くに手頃で心地よい食事場所があれば、買い物時間も長くなるだろうと考えて、駐車場内に母親の名前をつけたレストランを開店した。レストランと同じ建物にはデザイン・センターを設置し、さらにレンタルスペースも設けて、ＦＲが販売する商品を補完するような高級品、たとえばバスルームやキッチン設備などの業者が使えるようにした。

ＣＥＯは引退や自らの死に備えて、後継者計画を作成した。四人の子どもたちは一緒に働き続けるが、そのうちの一人がＣＥＯに任命され、残る三人は共同社長に留まるというものだ。二〇一〇年の時点で、現ＣＥＯだけが後継者が誰になるのかを知っていた。「成長を目指す者が選ばれる」とCEOは言った。

ケーススタディからの学び

- この起業家の意思決定には、革新性、進取の気性、リスク志向が見られる。また、顧客に焦点を絞り込み、直感に反するようなプロジェクトを実施している（販売拠点は一カ所のみ、家電製品店で腕時計を売る、ラスベガスのような店舗をつくるなど）。同社はリスクに耐える事業を行っている
- まだ証明されていないのは、CEOだけが後継者を知っているという、直感に反する後継者計画がどのくらい成功するかだ。父親がいなくなって、きょうだいが事業の責任者となったら、組織構造はどのようになるだろうか。ファミリーはリスクに耐えられるだろうか

第11章

自覚し、学び続ける

自分の家族、つまり、同じ家に住んでいる両親や子どもたち、きょうだいなどには、最大限の愛情を注ぐ。……（しかし、）関係が離れていくにつれ、その愛情も徐々に薄れていく。

――アダム・スミス『道徳感情論』（一七五九年）

この本を書くにあたっては、読者のみなさんにファミリー企業のリーダーシップについての知識を提供することを目的としました。特に、ファミリー企業のリーダーシップが、非ファミリー企業とはどのように、なぜ、どんなときに異なるのかという点です。

わたしがそうした情報を提供できるようになるまでには、長い道のりがありました。その過程で学んだ内容も、過程そのものも、ともに有益でした。学んだ内容は、スキルによって補完され、わたしのマインドセットに集約されました。わたし独自の学びのプロセスは、混沌としたファミリー企業の世界を理解するという個人的信条が基盤となっています。

最後の章となる本章の目的は、新しいコンテンツを紹介することではなく、これまでに取り上げたことをまとめて、さらなる気づきを導き出すことです。

これまでの章では、ファミリー企業のリーダーシップという複雑な世界を分解してきました。本章では、それをもう一度組み立て直します。そして、本書が実際にどう役立つのかもお見せします。

本章に続く「最後のケーススタディ」で、ＡＧＥＳフレームワークを使ってそれを分析します。

まずは、Framework 11-1を見てください。これは10章までで取り上げた重要な概念を、一つにまとめたものです。

Framework 11-1
概念を統合する

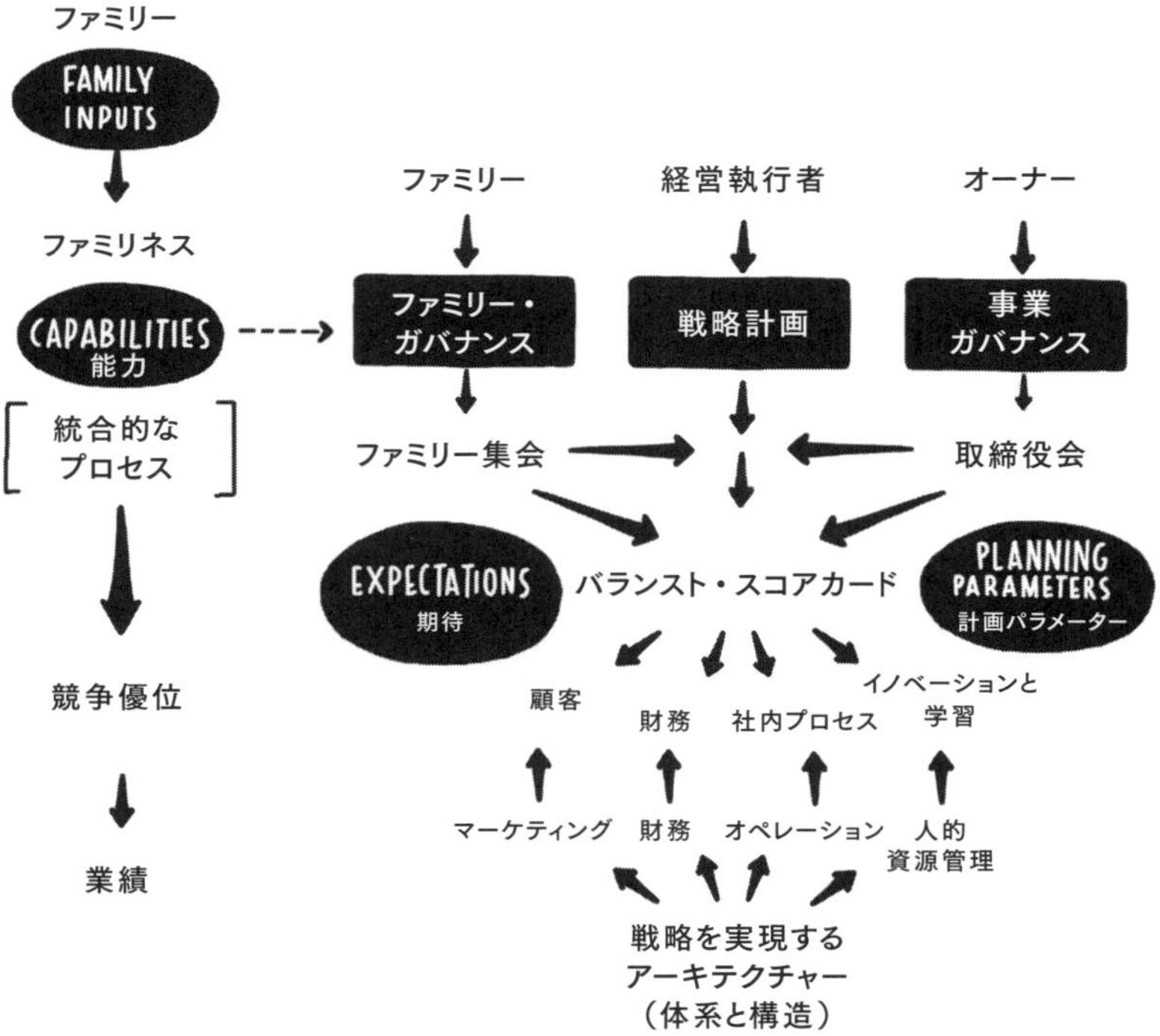

まずは図の左側から説明しましょう。ファミリーの関与により「ファミリネス」が生じます。ファミリネスとは、そのファミリー企業特有の経営資源で、それが能力《ケイパビリティ》の基盤となり、そこから統合的なプロセスを導き出して競争優位性が生まれます。その競争優位性の周囲で戦略を開発し、それによって優れた業績を上げます――。もう一度、図の左側を見て矢印をたどりながら、この段落を読んでみてください。

この図の右側に、さらなるまとめがあります。

一番上はスリー・サークルのフレームワークでおなじみの、ファミリー、経営執行者、オーナーです。これらが、ファミリー・ガバナンス、戦略計画、事業のガバナンスにつながって、会社のアーキテクチャーを構成する体系と構造に影響を与えます。反対にそれらの体系や構造が、バランスト・スコアカードで評価され、管理されます。

この図のように四角や矢印などを使って、あなた独自の図をつくってみてください。忘れてはならないのは、ファミリー企業は一つひとつ違うということです。

では続いて、わたしの気づきをお伝えしましょう。

一つ目の気づきは、この本を書くプロセスを通じて明らかになったことですが、事業を行うファミリーのリーダーとなるには、多大な知的能力が必要だということです。わたし自身、以前はそこまで大変なことだと考えたことはありませんでした。しかし、本書で取り上げたフレームワークをよく理解し、そして事業を行うファミリーのリーダーとして熟練した人たちの見解を聞くと、わたしたちが目の当たりにしているのは真に知的な課題なのだ、と思うようになりました。

この場合の「知的」な人の条件を挙げると次のようになります。

・自信を誇張しすぎない
・自分の知識のなかで欠けている部分は何かをよく認識し、その不足部分を補おうと努力する
・できる限り多くの視点から問題を見る
・自分の考えが正しくないという証拠が示されたら進んで考えを変える
・人間は誤解をしやすいということを理解する
・誤解しないよう対策を立てる
・尊敬する人に「誤解しているのではないか」と指摘されたら立ち止まって考え直す

本書を通じて、わたしがよく三つの単位で考えることに気づかれたことでしょう。起業家志向と長期志向も、スチュワードシップの側面も、トリレンマのコンセプトも、みな三つの要素で構成されています。それはわたしが三代目だからか、三代目の三人のうちの一人だからか、あるいはスリー・サークル・フレームワークについて考えすぎたためか、よくわかりませんが、わたしの人生には三という単位がよく出てきます。

この本をまとめるなかでより明らかになったのは、三の単位で考えることは、わたしのリーダーとしての役割を理解するうえで、ますます役に立つようになっているということです。

Framework 11-2が、この気づきを現実のものにしてくれます。この図は現在、わたしのオフィスの壁に飾られていて、リーダーとしてのわたしの役割の複雑さを思い出させてくれます。つまり、この図の「よい」「安い」「速い」を「オーナー」「ファミリー」「経営執行者」に変えて、この三つの中から二つずつの組をつくって考えると、二つにフォーカスすることが残りの一つにどう影響するかがよくわかるのです。

ファミリーと事業のリーダーについ

Framework 11-2
典型的なトリレンマ

て、Framework 11-2から考えると次のようになります。

1　オーナーとファミリーだけにフォーカスすると、経営執行者にはよくない影響を与える可能性がある

2　経営執行者とオーナーだけにフォーカスすると、ファミリーにはよくない影響を与える可能性がある

3　ファミリーと経営執行者だけにフォーカスすると、オーナーにはよくない影響を与える可能性がある

つまり正解はない、ということです。存在するのは、自覚することと、学び続ける意欲だけです。ファミリー企業で指揮をとるのは、パラドックスが絡まり合うようなもので、それは完全に解きほぐすことはできません。このパラドックスに満ちた複雑な世界を進んでいくわたしのやり方は、各章の最後に記した「三つの学び」を受け入れることです。

わたしの信条は複雑なものをシンプルにすることで、本書のフレームワークのアプローチもそうです。わたしは自分の理想を羅針盤としています。その理想は、非常にシンプルに「継続性」と表現されるものです。事業とファミリーとその評価が今後どうなるか、そして現在と未来の世代の経済的・社会的ニーズを満たせるか否かが、ファミリー企業のリーダーにとっての

根本的な関心なのです。

わたしはパラドックスを理解するのに、マインドセットとスキルセットの両方を探求してきました。これらは、わたしが最適な状況にあり続けるとともに、破壊者であるシュンペーターとしての役割と、統合者であるコースとしての役割のバランスをとるのに必要なものです。わたしは他の人たちのストーリーに大きく頼ってきました。本書ではその一部だけを紹介しました。ファミリーとオーナーシップと経営の仕組みが、それぞれ独立していると同時に依存し合っている混沌とした世界を理解するためにはストーリーだけでなく、フレームワークやエビデンスも重要だと考えています。その部分は経営者というより学者的なものの考え方なのかもしれません。

いずれにしてもストーリーを伝え、アイデアや理想を伝える斬新な方法を探し続けること、それをわたしは大事にしています。わたしにとって、最も重要な経営のツールはホワイトボードです。本書のフレームワークもすべてホワイトボードから生まれました。ホワイトボードでアイデアを捉え、複雑な関係を図式化し、複雑なものをシンプルにできます。子どもの頃はだれしも絵を描いて学んだはずで、このやり方が廃れることはありません。

学びの道のりを楽しみ、挑戦を大切にしてください。

あなたの案内人
スチュワート・マクダフ

補遺

最後のケーススタディ

ＡＧＥＳのフレームワークを応用する

何年も前に、わたしの父はオーストラリアのレクリエーション・ボート製造会社のオーナーであるブルース・デンプシーと、空港で出会いました。ボートが大好きで所有もしている父は、ブルースがボートをつくっていると知るとたちまち意気投合。その友情が取引関係に発展するのに、それほど時間はかかりませんでした。二人が出会ってすぐに、父はオーストラリアまで行って、ブルースが丹念につくりあげたボートを購入したのです。ここからさらに強い友情が生まれ、わたしの両親はよくブルースと妻のジェニーに会うようになりました。

やがて、わたしもデンプシー一家と知り合いましたが、彼らの事業についてよく知るようになったのは、ブルースの息子のアンソニーとわたしが、同じＭＢＡ（経営学修士課程）に進学してからでした。選択科目で、彼はファイナンスのクラスを、わたしはファミリービジネスのクラスを選択しました。

このような関係だったので、ブルースが突然に亡くなったとき、わたしたちはすぐに知らせを受けました。やがて、わたしがファミリービジネスについて関心を持っていることを知っていたアンソニーとジェニーは、ブルースが亡くなったいま、事業をどうするべきだろうかと相談を持ち掛けてきました。彼らは会社を売りに出すこともできましたが、アンソニーと兄のティムがその会社で働いていたことから、ファミリーは事業を所有し続け、運営し続けることを希望しました。彼らは、再び偉大な会社になれるかどうか案じていました。

わたしは休暇が残っていたので、オーストラリアに飛んでデンプシー・ファミリーとその事業に力を貸すことにしました。本稿では、まずファミリーの状況について説明し、そのうえでAGESフレームワークを使って分析したいと思います。

デンプシー・ボートとデンプシー・ファミリー

ブルースは若い頃からボートに情熱を注いでいました。まず、小型のモデルや複製をつくり、一〇代後半になると、フルサイズのボートを設計し、建造するようになりました。そして、ジーロングにある大手の造船会社での修業を終えると、一九五八年にデンプシー・ボート株式会社を設立しました。その年、ブルースが設計し建造した六台のモーターボートはすべて手づくりで、全長五メートル未満でした。ボートはどれも美しく、一般的なレクリエーション向けに、快適で効率的な船体をつくることを目指したものでした。

ここから、デンプシー・ボートは持続的に成長を続けました。ブルースが設定した厳格な基準と、品質へのこだわり、優れた製造技術によって、デンプシー・ボートはオーストラリアで最大級のファイバーグラス製レクリエーション・ボートのメーカーとなりました。従業員は四二人、売上高は約一八〇〇万ドルです。

デンプシー・ボートは、多くの点でオーストラリアの典型的なファミリー企業です。妻のジェニーは五〇年間の会社の歴史を通じて夫を支え、二人の息子のティムとアンソニーは、その会社で働いています。娘のリアは別の会社で働いていますが、ファミリーとはとても近い関係を保っています。

ボート製造業界

オーストラリアのレクリエーション・ボート業界は成熟市場で、数社の大手メーカーと、多数の小規模なニッチ市場向けの企業が国中に存在しています。デンプシー・ボートは、ファイバーグラス製高級ボートというニッチ市場の主力メーカーです。

オーストラリアのボート製造業界の市場規模は二〇〇八年時点で一五億ドル、前年比五・三％の成長でした。同年、この業界には二〇〇〇社近いメーカーが存在し、従業員は合計で七九〇〇人でした。

多くのメーカーが海岸沿いの大都市にあり、メルボルン、シドニー、ホバートに拠点を構えています。クイーンズランド州のゴールドコーストを拠点とする企業も増えています。

レクリエーション・ボートは基本的には選択的支出の商品で、売上は全体的な経済状態に左右されます。したがって、特にレクリエーション向けの市場は景気の波の影響を受けます。しかし、ファミリー所有の非上場企業であるデンプシー・ボートは、半世紀の経済循環を、その「伝統的な」販売戦略や、借入に対する保守的な姿勢、ステークホルダーとの関係への強い依存、そして忍耐強い資本のアプローチで乗り切ってきました。

会社組織

現在はビクトリア州メルボルンに本社を置くデンプシー・ボートは、一九五八年にブルース・デンプシーによって設立されました。同社の主力工場も同じくメルボルンにあります。東海岸沿いに多数の販売代理店があり、委託を受けて販売を行っています。デンプシー・ボートは、幅広いラインナップで、手製のファイバーグラス・ボートを年間約一五〇艘つくっており、大半がレクリエーション市場向けです。技術の進歩によって材木製からファイバーグラス製に変えたものの、同社のユニークな船体デザインは、五〇年以上もの時を経ても生き続けています。

二〇〇九年の売上高は一八〇〇万ドルを少し下回る程度で、純利益は約六五万ドルでした（デンプシー・ボートの過去五年間の財務状況については、表A1〜A3を参照)。

デンプシー・ボートは、高品質の製品をつくるという評判を築き上げ、それを維持してきました。同社のブランドは、市場でもよく認知されています。ここにはブルースの力が働いていました。従業員はブルースの業界での名声を強く認識しており、全員が彼を尊敬しています。同様に、顧客もファミリーが基盤となっている同社のブランドを好意的に受け止めています。デンプシー・ボートは、そうしたブランドを積極的に打ち出してきたのです。

ブルースは研究開発にも熱心で、年間五〇万ドル以上をそのための費用(人件費含む)にあてていました。同社はいくつもの特許を取得しており、そのなかには、防汚コーティングや、ユニークな船体などがあり、その船体はレクリエーション・ボートの市場ではとても人気があります。ブルースはこうした製品の開発に深く関わってきましたが、設計の主な責任は、いまでは息子のティムが担っています。近年の成長により、同社は会社のライフサイクル上のあるポイントに到達し、そのため専門的な経営手法の導入が必要になっていました。

それを認識したブルースは、二〇〇七年にCEOを辞し(取締役会会長には留まりました)、ファミリーではない人物をCEOとして招き入れました。新しいCEOはより専門的な経営とガバナンスを実施しようと努力しましたが、ブルースの影響により、大きな変化は起きませんでした。

オーナーシップに関しては、ある個人投資家が二〇〇七年に、デンプシー・ボートの株式の三〇％を買い取るという変化がありました。残る七〇％のうち、創業世代が三一％を所有し、三人の子どもたちが一三％ずつを所有して、持ち株比率に応じて、議決権と配当を受ける権利を持っています。

個人投資家の招聘はブルースが進めたことで、その目的は事業に留められている財産の一部を、ファミリーが流動化できるようにすることでした。彼が年をとるにつれて気づいたことは、財産をいつも暮らし向きに支障の出ない範囲で事業に再投資していたので、引退したときのための現金がわずかしか手元にないということでした。ファミリーが現金を手にする手段として、友人たちは非公開株ファンドからの投資をすすめましたが、ブルースは個人投資家による投資のほうが、より受け入れやすいと考えたのです。

投資の条件として個人投資家は、取締役会を設立し、自分をそのメンバーとすることを求めました。ブルースはその条件を満たすために、急遽、二人の息子とほかの幹部二人を取締役に任命しました。幹部のうち一人は、ブルースと親しい間柄でした。ブルースを含めた取締役の誰もが、取締役としての役割をよく理解しておらず、取締役会は、通常の事業の会議とほぼ同じように行われました。

個人投資家の参加によって、オーナーがファミリーだけという状態は崩れましたが、デンプシー・ボートは成長を維持できるようになり、グローバルレベルで最先端のベスト・プラクティスを実現し、さらなる拡大の可能性も見えていました。

ブルースは販売戦略の変更に乗り気ではありませんでした。彼はずっと、完成したボートを全国のショールームに展示して、消費者が彼のボートのユニークさと伝統的な仕上げを見られるようにするのを好んでいました。代理店は、委託販売によってデンプシー・ボートを売っていました。その戦略はうまくいっていましたが、ショールームの在庫が多くの資本を拘束していたので、アンソニーは父親に対して、もっと一般的な販売方法に変えるよう強くすすめました。いつものように、兄のティムは父親の肩を持ちました。ビジネスモデルを変えたくなかったブルースは、外部からの資本注入に際して、三〇％の株式を個人投資家に売るという方法を選んだのです。

ファミリーと事業

デンプシー・ボートでは、多くのファミリーのメンバーが重要なポジションを占めているにもかかわらず、後継者育成計画はほとんど考えられていませんでした。ブルースは、ファミリー以外のＣＥＯを雇い、取締役会も設立しましたが、突然亡くなる前の時点でも、自分が事業に影響を及ぼせなくなるのを嫌がっていました。

ブルースの二人の息子はボートがつくられているなかで育ち、放課後や学校の休暇中も、多くの時間をボート工場の周辺で過ごしました。したがって、二人がこの会社で働くようになったことは必然ではありました。しかし、二人がそれまでにたどった道は異なっていました。

長男のティムは一五歳で学校を離れて父の事業に加わり、工場で働いて、一からこの事業を学んできました。父と同じく、ティムはボートの建造に情熱を注いでおり、新製品の開発と、既存の船体の改良に深く関わるようになりました。ブルースはティムに、船大工としての正式なトレーニングを受けさせました。ティムはデンプシー・ボートでその創造力を発揮し、二五歳で設計・デザインの責任者となりました。

ティムは二一歳で結婚し、最初の妻のジェーンとのあいだに二人の娘をもうけました。しかし、結婚生活はやがて破綻し、二七歳の時に離婚しました。ティムは離婚で深く傷つきましたが、再婚して、二人目の妻のティファニーとのあいだには息子が生まれました（ブルース・デンプシー・ジュニア、一七歳）。

ティムの弟のアンソニーは、ティムとは異なるスキルと教育をもって父の会社に加わりました。勉強ができたアンソニーは、奨学金を得てメルボルンの名門私立学校に進学し、卒業するとメルボルン大学で会計とファイナンスを学びました。学業成績もよく、卒業後は同市の大手会計事務所に職を得ました。それから一〇年たたないくらいの時期に、彼はファミリーの会社で自分が重要な役割を果たせそうだと気づきました。その頃には、米国でＭＢＡも取得しており、ＭＢＡ課程で学んでいるあいだに出会った米国人のローラと結婚もしていました。二人のあいだには子どもはいませんでした。

それまでの経験と業績により、アンソニーは入社時にCFO（最高財務責任者）のポジションを得ました。それによって、会社で長年働いてきた兄のティムとのあいだに緊張感が生じました。ティムは、アンソニーが自分と同じようには事業を理解していないと感じていて、彼がなぜ会社に加わったのか、最初は疑わしく思っていたのです。

創業者ブルースの末っ子で、一人娘のリアは、ファミリーの事業に加わろうと考えたことはありませんでした。リアは大学で美術を学び、その後フランスに転居して、さまざまな画廊で働きました。フランス人のジャックと結婚してオーストラリアに戻り、シドニーで夫と三人の子どもたちと暮らしています。

デンプシー・ボートには、ファミリー以外にも欠かせないスタッフがいます。その多くは長年この会社で働いている人たちです。

二〇〇七年にCEOに就任したマーク・ベストは、かつてはシドニーを本拠地とする大手高級ボートメーカーの経営陣の一人でした。当初、ブルースとマークのあいだには若干の対立がありました。しかし、マークはやがてこのファミリー企業の文化に慣れ、ほとんどの場合、創業者で会長のブルースの指示に従っていました。

COO（最高執行責任者）のマルコム・ランは、デンプシー・ボートで二五年以上働いています。もともとは、同社のエンジニアリング・コンサルタントでした。ブルースとマルコムは

図 A1

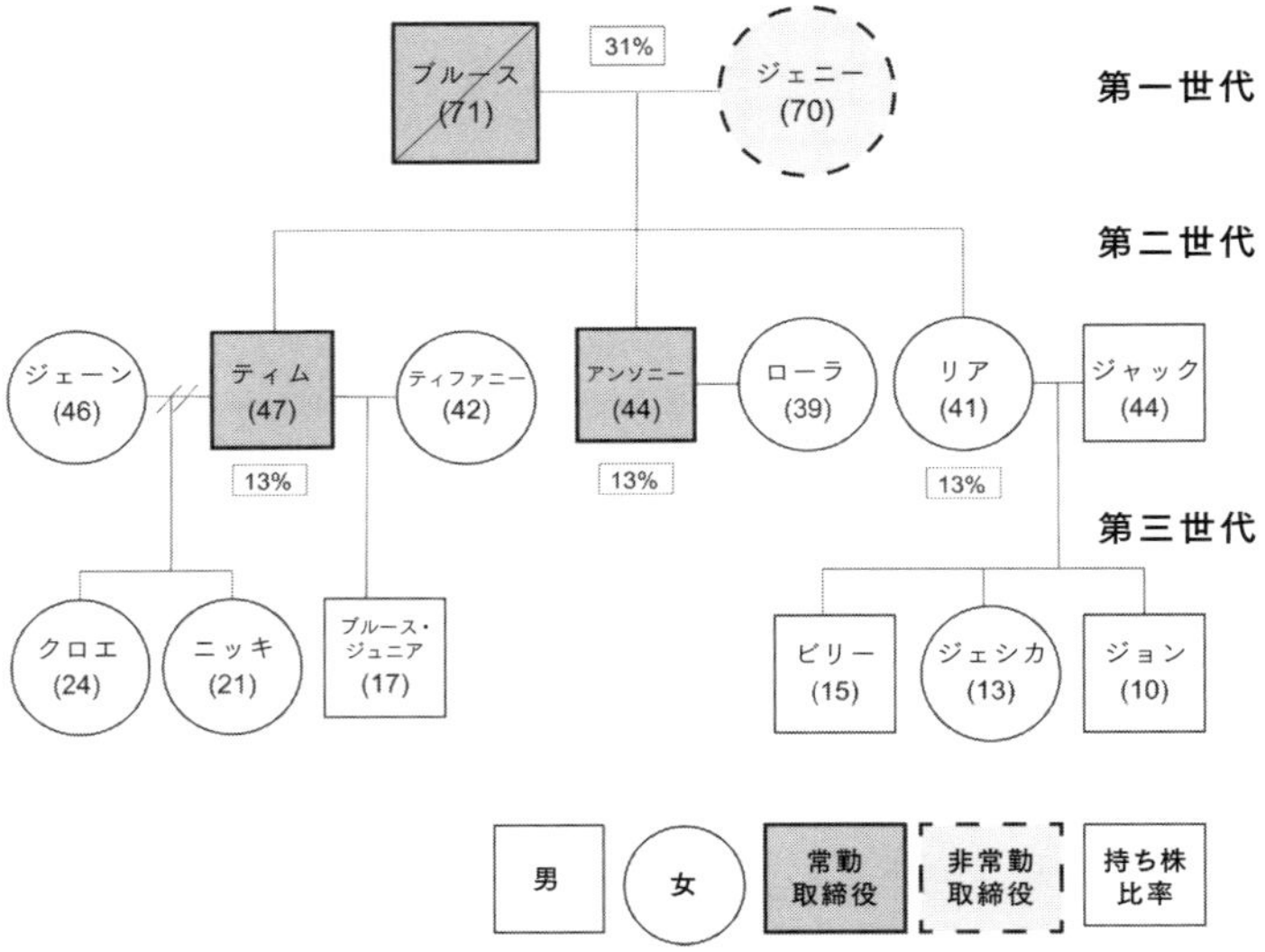

出典：Moores, K., & Craig, J. B. (2015). The Dempsey family case. Family Business Casebook. J. Astrachan and T. Pieper (Ed.) Kennesaw State University Publishing.

ずっとよい友人どうしで、仕事上でも強い関係を保ち、それが事業にも大きな価値を与えてきました。マルコムの現実的で、「なせばなる」という姿勢は、ブルースの支配的で、外交的な起業家スタイルを補うものでした。ＣＯＯのポジションは、マルコムの事業に対する知識と、ブルースとのあいだの親交と信頼関係によって設けられたものでした。

ブルースが亡くなる前には、同社には七人の取締役がいました。ブルースと、息子のティムとアンソニー、ＣＥＯのマーク、ＣＯＯのマルコム、個人投資家のジョン・イーストレイク、ブルースの妻のジェニーの七人です。個人投資家のジョンは投資の条件として取締役会のポジションを要求しました。ジェニーは取締役ではありましたが、会社の日々の業務については限られた知識しか持っておらず、取締役会にも出席はしません。

取締役会は年に四回開かれ、アンソニーとマークとマルコムが経営報告をします。しかし、取締役会の時期と構成はきちんと定まっておらず、準備もほとんど行われません。取締役会の資料は急ごしらえで、配布されるのも遅く、唯一の社外取締役であるジョンを苛立たせています。取締役会のプロセスをさらに妨害しているのが、ファミリーの問題がよく議論されることです。それによって、事業に関する重要な問題から注意が逸れていきます。

特に、取締役会で対処できていないのがリスク・マネジメントです。リスク・マネジメントの指針や方針は存在せず、マークとジョンとアンソニーは、同社がまるで現代社会の多くのリスクを無視しているかのように感じています。そうしたリスクは、事業に多大な影響を与える可能性があります。

取締役会は会長であるブルースが支配していました。マークと同様にほかの取締役たちも、議論をするよりもブルースの指示に従う傾向がありました。つまるところ、彼が五〇年間この事業を運営してきたのですから。しかし、アンソニーは戦略的な方向性のなさに次第に苛立ちを募らせ、この会社に加わるという決断は正しかったのか、疑問を感じ始めていました。

少し前に、リアはこのファミリー企業からの利益分配の公平性

図 A2

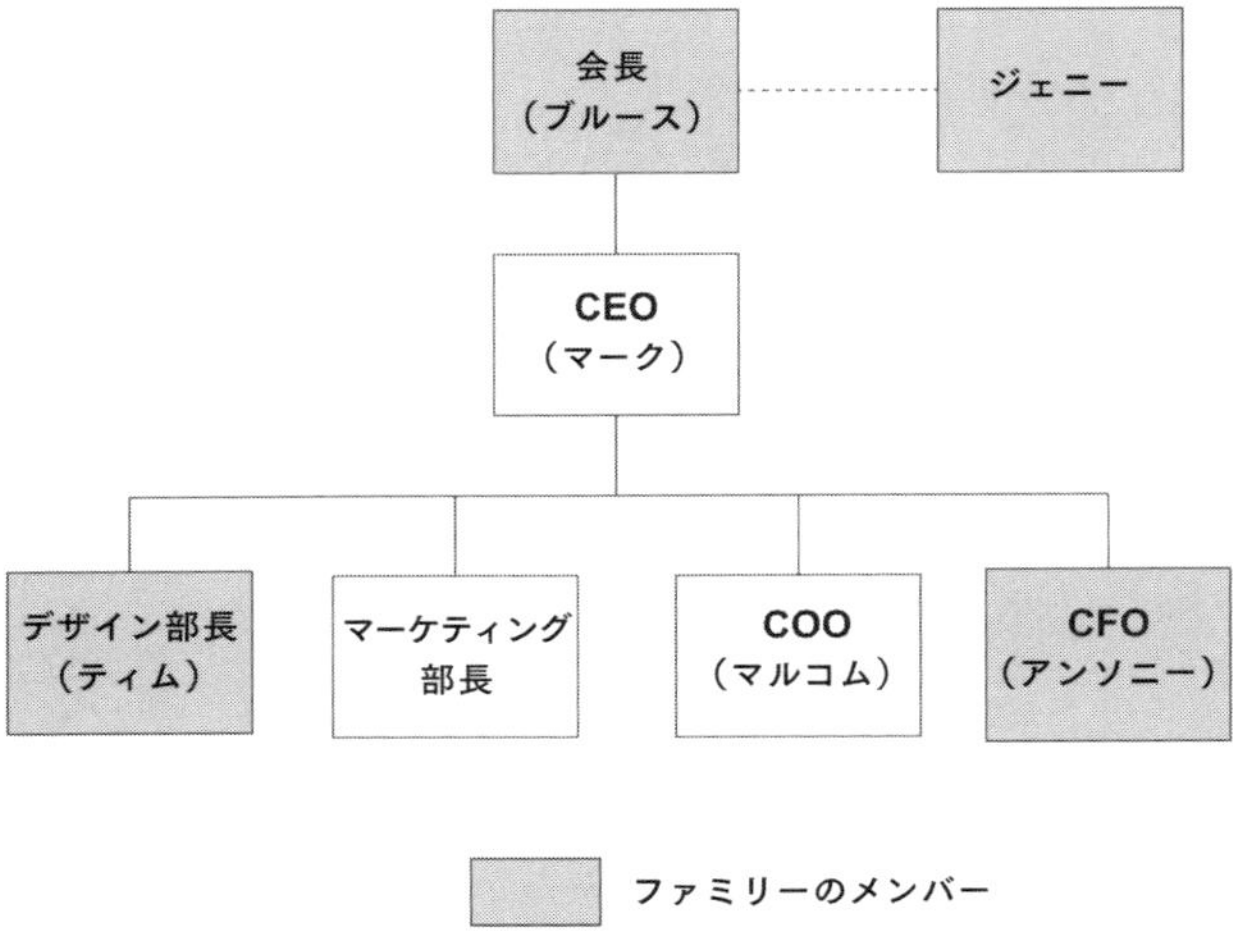

について、父親に懸念を表明していました。特に彼女を落ち着かなくさせていたのが、彼女の二人の兄や親戚が、自分よりよい暮らしを送っていることです。オーストラリアに戻って以来、彼女の夫はオーストラリアの芸術界でなかなか地位を確立できず、そのため暮らしは質素なものでした。父のブルースは、何とかするからと約束し、その言葉通り、最近の取締役会で「その他の事項」としてこの問題を取り上げたのでした。ブルースは、子どもたち全員を平等に扱いたいと話しましたが、そのことで二人の息子とのあいだで長く激しい議論になりました。個人投資家のジョンは、非常に感情的なやりとりに圧倒されて、傍観していました。最後にはブルースが、「この問題はわたしが何とかする」と言い切って、取締役会の閉会を突然に宣言して議論を終わらせました。父親が亡くなったいま、リアはその死を悲しみつつ、このファミリー企業で、誰が彼女の利益を代表してくれるのだろうかとも考えていました。

未来

ブルースが亡くなったあとの最初の月曜日、取締役たちは緊急の会議を開き、デンプシー・ボートの未来について話し合いました。ほかのファミリー企業と同様に議論すべき問題はたくさんあり、その大半がファミリーと事業との重なり合いによって、感情が絡んだものでした。

特に大きな問題だったのは、取締役会議長としてのブルースの後継者の問題でした。事業の非常に大きな部分をブルースに頼っていたので、会長職を空席にしておくと事業によくない影響が及びそうでした。ブルースは後継者問題について意思を明確に示していなかったので、さらに議論は複雑になりました。

ブルースの二人の息子のあいだにライバル意識があることに、ほかの取締役たちは気づいていました。ブルースが二人のどちらかを後継者に指名しなかったのは、そのライバル心が事業にダメージを与えないようにするためだったのかもしれません。あるいは、二人のあいだに健全な競争を引き起こすことを狙っていた可能性もあります。いずれにしろ、現在の状況はそうした感情を強め、きょうだい二人ともが、自分こそ会長にふさわしいと思っているのは明らかです。

会長職にはほかの候補者もいます。マルコム・ランは会社全体について包括的に理解しており、多くの時間ブルースとともに仕事をしてきた経験があります。もしかすると、彼のほうが会長職に適任かもしれません。ＣＥＯのマーク・ベストも候補者です。同社で働いた期間は比較的短いですが、会社の広い範囲と関わるポジションにあります。

誰がブルースの正式な後継者になるのかははっきりしませんでしたが、誰もが合意している点が一つありました。それは、デンプシー・ボートでは専門的な経営を本格化する必要があるということです。

CEO、マーク・ベスト

マーク・ベストは最初にCEOのポジションに就いたときには、ブルースと意見が合わない部分があったものの、ブルースが亡くなったいま、彼はファミリーではない幹部としての自分の役割をよりよく理解し、ブルースとファミリーにとっての事業の重要性を理解するようになりました。ファミリーと事業は非常に強く絡まり合っていました。

ファミリーと事業が重なり合っていることは、ブルースの死が、会社にも悲惨な影響を及ぼす可能性があることを意味していました。マークが特に心配していたのは、会社の内部の問題が、デンプシー・ボートが直面している重要な外部の問題にも影を落とすことでした。そうした外部の問題が、事業に大きな影響を及ぼす恐れがあり、それを見過ごさないことが自分の責任であることをマークは自覚していました。

個人的には、マークは自分が同社を成功裏に未来へと導いていけるという自信がありました。しかし、従業員とファミリーのメンバーがそう信じてくれるかどうかはわかりません。彼がそれまでファミリーに支配されてきたのは事実です。

加えて、船舶に関連した業界にいたことから、環境問題についても懸念がありました。同社のCEOに就任する前に、彼はデンプシー・ボートについて綿密に調べ、同社は環境面で優れた実績があり、よい企業市民であると理解しました。しかし、近年ファイバーグラスの敷設と仕上げ段階での製造プロセスを変更したことで、マークには懸念が生じていました。環境にやさしい同社のポジションを維持するためには、同社の製造設備向上の一環として、新しい廃棄物管理システムを導入する必要がありました。

どの廃棄物管理システムを採用するかについては、取締役会の重要な意思決定が必要でした。一つの選択肢は、工場の既存のシステムを活用し、比較的安価な機械を購入するというものでした。もう一つは、既存のシステムを見直して、より高価な機械を購入し、サプライヤーの要求に応えるというものでした。

マークにとっては、どちらを選ぶべきかは明らかでした。高品質なメーカーとしての同社の評判を維持し、環境マネジメント分野でのリーダーであり続けるには、相応の投資をすべきだと考えていたのです。この点について、アンソニーもマークに賛成でした。しかし、年齢とともに保守的になっていたブルースはマークの考えに反対で、お金を節約し、すでに使い尽くされている既存の廃棄物管理システムを使い続けることを主張しました。ティムもブルースに賛成でした。

消費者は環境への意識を高めており、マークには、同社がそうした消費者からは否定的な反応が起きそうな意思決定をして、それをうまくごまかそうとしていると思えました。

個人投資家、ジョン・イーストレイク

ジョン・イーストレイクは、長年、デンプシー・ボートの熱心なファンで、同社のボートを何艘も持っていました。ジョンは投資家としての経験も長く、成功してもいましたが、デンプシー・ボートへの投資機会が生じたときにはやや感情的に投資を決定し、十分な調査を行いませんでした。ジョンの投資スタイルは、会社の株式を買うとその会社に強く関わって、あらかじめ決めた時期（通常六年から一〇年のあいだ）が来たら株式を売却し、期待した利益を得るというものです。

ジョンは二年半前にデンプシー・ボートに投資し、取締役に就任して以来、徐々に苛立ちを募らせてきていました。彼が取締役会に参加した目的は、長期的な戦略計画を立て、同社の未来のために明確な方向性を示すことでした。彼が投資する前には、それが欠けていました。

ジョンがデンプシー・ボートに関わるようになってすぐに、CEOとしてマーク・ベストが雇われました。これはジョンの任務をいくぶん行いやすくするものでした。取締役会の中に、自分以外に企業での経験がある、外部の人材が加わったのですから。ジョンはマークが好きでしたが、ブルースがいなくなったあと、彼が事業を率いていけるのかはわかりませんでした。ブ

ルースの死によって空いたリーダーシップの穴は埋めるのが難しく、不確実な日々が待っているとジョンは考えていました。

ジョンはブルースの二人の息子について、そのマネジメントとリーダーシップの能力を特に心配していました。二人とも事業の運営に興味を示し始めており、ブルースが突然亡くなったことで、二人がブルースの跡を継ぐ資格があると感じることが不安でした。会長の椅子を巡る今後の争いで、ジョンが取り組んできた戦略計画から、デンプシー・ボートの人々の関心が引き離されていくのは間違いなさそうでした。

戦略的な視点が欠けていることでデンプシー・ボートはチャンスを逃し、それを競合に奪われていました。新たなマーケットの開拓は進められておらず、一方で成長機会の少ない既存市場には過剰な投資が行われていると、ジョンは考えていました。大きな競争圧力がクイーンズランド州から迫ってきており、そこでのボート建造事業の大きな成長によって、業界の中心地がシドニーやメルボルンから離れつつありました。加えて、デンプシー・ボートでは研究開発に多額の資金が投じられていましたが、その実施状況がよくなかったため、満足なリターンを得られていませんでした。

ジョンは、自分の株式の売却戦略の行方にも不安を抱いていました。この会社への投資期間は約六年と考えていたので、株式を買おうとする人にとって魅力的になるよう、同社をよい状態にしておく必要がありました。そのためには、取締役会が取締役会としての機能を果たす必要があり、また取締役会におけるファミリーの支配を減らす必要があると考えました。そうした必要性が見えてきたのは、最近、多額の配当支払いが承認されたときです。ジョンは会社の価値を高めたいとして反対票を投じましたが、ファミリーの取締役たちに負けてしまいました。

ジョンは事業のオペレーションに携わることには関心がなく、取締役としての役割は戦略レベルに留めています。彼はブルースの存命中も、取締役会のあり方についてはまったく満足していませんでしたが、会長職の承継がうまくいかないと、オペレーションのレベルで事業により大きな損害が生じると考えています。どんな選択肢があるかを考えるなかで、彼はタイミングが重要であると理解していました。適切な処置により、ブルースの死による事業へのマイナスの影響を避けられるかもしれません。

ジョンは自分の考えを、ほかの取締役や上級経営陣と非公式に話し合おうと計画しました。彼は、自分の行動がデンプシー・ボートの未来を変えるかもしれないことを知っていました。

ファミリー

娘――リア・デュポン（旧姓、デンプシー）

リアの事業に対する視点が兄たちとは異なることは、疑いようがありません。彼女はデンプシー・ボートの経営以外に興味があったため、同社では働かないことを選びました。大学卒業後はフランスで八年間暮らし、パリ市内及び郊外の画廊で働きました。この間に、彼女はフランス人アーティストのジャック・デュポンと結婚しました。やがてシドニーに戻り、そこで夫と五年間暮らしています。

会社以外のことに関心があるにもかかわらず、リアは常にファミリーと近い関係を保ってきました。必然的にファミリーとの会話には、デンプシー・ボートの最近の出来事が出てきました。また、彼女は会社の株式を所有し、年に一度の配当も受け取っていました。その配当額はいくぶん不安定で、ブルースが気分で決めているようでした。

ブルースの突然の死によって、リアは自分が事業のことをほとんど知らないと気づきました。特に、会社の戦略的方向性と全体的な財務状況はわかりませんでした。彼女は株主として、またファミリーのメンバーとして、日々の業務に携わる意思はないものの、このファミリー企業にもっと関わる必要があると感じました。とりわけ父の死後は事業の未来が不確実であり、未来の姿を決めるのにファミリーと株主の意見が求められると考えていました。

リアは特にファミリーのメンバーのあいだで公平性を保つことが重要だと考えていました。なかでも、二人の兄と自分とのあいだでの公平性です。兄たちは自分よりもはるかに大きく事業に貢献していることから、透明性のある仕組みをつくって、事業から誰が何を得るのかを決めるのが賢明だと考えました。

リアは、これらがみなデリケートな問題で、慎重に対処する必要があるとわかっていました。今の状況が、ファミリー内の緊張感を高めることはよくわかっていましたし、これまで保ってきた母や兄たちとのよい関係を壊すつもりはまったくありませんでした。可能な場合には、ファミリーの問題を事業の問題と切り離すべきだとリアは感じており、そうした問題を話し合う場が必要だと考えました。

この困難な時期を、第二世代が事業の長期的な成功を促進するような形で乗り越えられれば、第三世代もこのファミリー企業の継続に関心を持つようになるだろうと、リアは確信していました。いまこそ、世代を超えた事業の継続を確実なものとするときなのです。

息子たち――ティムとアンソニー

ティムとアンソニーは性格も興味も異なり、二人のあいだには子どもの頃から緊張感がありました。ティムは運動神経がよく、学校でも人気者でした。一方のアンソニーは勉強がよくでき、どちらかというと内向的でした。それでも、十代を過ぎて別々のキャリアを歩むようになると、二人のライバル心は収まりました。しかし、アンソニーが事業に加わることを決めると、ライバル心に再び火がついたのです。

アンソニーがデンプシー・ボートに加わったとき、彼には同社に導入したい現代的な事業戦略がありました。彼はそれらの戦略を、ビジネススクールの授業や外部企業での勤務経験から学んだのでした。

ブルースが存命中で取締役会を支配していたときは、彼のアイデアは取締役会で十分に議論されることはないとわかっていました。したがって、アンソニーはそれらのアイデアを提起することさえしませんでした。父が亡くなったいま、アンソニーは壮大な会社のビジョンを描いており、それをCEOのマークに話しました。マークはアンソニーと同様の教育を受け、同社外での経験も積んでいたからです。

反対に、デンプシー・ボートの設計と製造だけにフォーカスしたキャリアを歩んできたティムは、戦略プロセスや事業の改善についてほとんど経験がありませんでした。彼は父と同じやり方を続けるのを好み、創業時から用いられて成功してきた方法を維持したいと考えていました。父と同じく、ティムは変革には大きな抵抗感がありました。

二人ともが、自分が父の後継者としてふさわしいと考えていることに加え、もう一つ大きな問題は、二人の戦略的な重点が異なることでした。アンソニーは会社の成長を望み、ティムは現在のニッチな市場で、同社のポジションを固めることを希望していました。

未亡人――ジェニー

ブルースがこの世にいなくなったいま、ジェニーは自分が置かれた状況を不安に思っていました。会社の株式を三一％所有している彼女は、事業に関する大きな責任を持つようになりました。それまで事業のことはブルースに任せ、彼女は夫のサポートに徹していました。

ジェニーは、この先に控えている意思決定が、子どもたちのあいだで、また自分とのあいだにも対立を引き起こすだろうとわかっていました。過去には、ジェニーはファミリー内では「最高感情責任者」のポジションでした。事業に関連する感情を、家族間の人間関係とは切り離す役割です。彼女は自分の新しい役割が、これまで自分が築いてきた人間関係や信頼関係に影響を与えないようにと、切に願っていました。

スチュワート・マクダフによる分析

ほかの企業から力を貸してほしいと頼まれたとき、わたしは医師のやり方を参考にしています。何らかの処方を行う前に、事業の診断をするのです。

最初に、事業に関する情報をさまざまな方法で集めます。まずは、日々の業務で何が起こっているかを、直接自分の目で観察します。そして、そうした観察を関連する文書で補強します。たとえば、戦略計画や財務諸表、組織図、会社の憲章などです。さらに、公式・非公式なインタビューで関係する人々に話を聞いて、情報を深めます。アンケートを行う場合もあります。

ファミリー企業の場合は、これらの事業に関する情報に、ファミリーの状況や、ファミリーと事業との関係についての情報を加えます。ファミリーの状況は、持ち株比率などの情報を書き入れた家系図などでまとめることができます。また、ファミリーが事業のどの部分で働き、取締役会に席はあるかも把握します。ファミリー・ガバナンスの仕組みがあるかも見ますが、設けられている例は少ないです。

そして、こうして集めた豊富な情報を本書の各章で紹介したフレームワークなどを使って分類します。たとえば、会社がどのような成長ステージにあるか、創業期か、成長期か、成熟期か、変革期かなどを見分けます。これと合わせて、ファミリーによる事業の所有が、きょうだい間のパートナーシップなのか、もっと複雑な「いとこ連合」なのかも、分析のスタートとして有用な情報です。それらを使って、「分類した情報」に整理します。このように、ファミリーのかかわり、オーナーシップ、発展に関する段階を見分けると、アーキテクチャー（A）、ガバナンス（G）、起業家的活動（E）、スチュワードシップ（S）の精巧さのレベルを把握するのに役立ちます。

こうして、ファミリー企業がさまざまな側面でどこに位置しているかを把握したら、ファミリー企業の「病気」を治療するための処方箋にあたる、「証拠に基づいた提言」を行うことができます。先に述べたように、このアプローチは医師が採用している方法を真似たものです。患者の状態に関する豊富な情報を見ることで（時に精密検査によって実証も行い）、医師は医学に準拠して、患者の病状を和らげるための治療法（医薬品や手術など）を決めるのです。

わたしがファミリー企業を見る場合、通常は組織レベルの分析（ＡＧＥＳ）からスタートします。続いて治療法について提案します。それは、ファミリー企業の特徴である長期的スチュワードシップにつながる、実績に基づいた最善の治療法です。状況によってこれらの治療は、構造と体系（アーキテクチャーとガバナンス）、そして行動（起業家的活動とスチュワードシップ）のすべて、あるいは一部を変えることで進められます。

わたしの場合、最初にアーキテクチャー（Ａ）を見て、次にガバナンス（Ｇ）を見るといった順番は定めていません。というのも、事業やファミリーを全体的に見ているからです。集まった情報によっても変わってきます。ただ、いちばんとりかかりやすいのはアーキテクチャーです。戦略を支えているはずの、現在の組織構造と管理体系を検証するのです。そしてすぐに、これらを決めている人たち（つまりは取締役会）を見ることになり、取締役会がどのようなタイプかを調べます。すると残念なことに、取締役会とされているものが、日々の業務にフォーカスした経営会議であるとわかることがしばしばあります。

アーキテクチャー

デンプシー・ボートについては、アーキテクチャーに明らかに改善の余地があると思いました。

近年の成長によって、同社は専門的な経営の導入が必要な段階に達しました。こうした経営手法の変化を実現するために、ブルースは構造面での調整を行い、ファミリーではない人物をCEOに任命し、自分は会長職に退きました。

しかし、このほとんどが「紙の上」だけでのことのようでした。「構造」の多くの部分が、行動の構造や、権威の構造に関連します。ブルースは行動の一部を新しいCEOに譲りましたが、権威は譲らず、そのため広範な変化の実現が妨げられました。

ブルースが亡くなったことで、CEOへの構造的な権限委譲が行われ、経営手法を変えるチャンスと動機がもたらされるかもしれません。こうした組織構造の変更や管理体系の修正の根幹となるのは、ファミリーの価値観、ビジョン、期待です。

オーナーとしてのデンプシー・ファミリーには、CEOの力を試してみることをすすめます。しかし、こうした変更は戦略を支えるためのものであるべきです。残念なことに、個人投資家のジョン・イーストレイクの努力にもかかわらず、デンプシー・ボートは合意された戦略計画の下で事業を行っているようには見えません。もちろん、同社には販売戦略があって、それはブルースの時代にはうまくいったようです。しかし、アンソニーが指摘しているように、委託販売の手法でショールームに置いている在庫がかなりの資金を拘束しています。そこでアンソニーはもっと一般的な販売手法に変えるよう、強く父にすすめてきました。しかし、ブルースは「違う形で継続する」というパラドックスをなかなか受け入れられず、近年デンプシー・ボートを悩ませてきました。

デンプシー・ボートが再び競争優位を確立できるかどうかは、戦略計画の開発に大きくかかってきます。ファミリーには、とにかく緊急の課題として、戦略計画の作成に取りかかることを強く提案します。つまるところ、重要なのは戦略で、その戦略目標の達成を評価する業績評価システムも重要です。デンプシー・ファミリーが古い習慣を捨て去り、柔軟性を身に付けて、成長のための能力開発に取り組むことが必要不可欠となるでしょう。

ガバナンス

そのような計画を作成するには、適切に機能している取締役会が必要で、その取締役会がオーナーの現実的な期待を把握する必要があります。簡単に言うと、戦略計画の作成には、最善のガバナンス構造とプロセスの導入が必要になるのです。ファミリーと事業の両方のガバナンスが必要で、ともに調和のとれたものにする必要があります。デンプシー・ボートでは、取締役会が事業とファミリーの両方の問題を取り扱い、会はブルースによって強く支配されていました。

わたしはファミリー会議のプログラムを導入することを強く推奨します。わたしの経験によると、ファミリー会議は外部のファシリテーターを頼むと非常に効果的です。ファシリテーターの選択はとても重要で、できるだけ多くのファミリーのメンバーを集めて、慎重に決める必要があります。経営系のファシリテーターなら誰でもよいということはなく、ファミリーのセラピストなども対象外です。そのファミリーの事業を十分に知っているファシリテーターが最適です。

そうしたファミリー企業のファシリテーターは、三つの側面にフォーカスします。気づき、言葉、具体化です。彼らはファミリーに、基本的なファミリービジネスの問題に気づかせ、行動しないことのリスクを示し、目の前のやるべきことにフォーカスさせ、現実的な選択肢だけを強調します。このあとに続くのは、事業継続の可能性についての情報の共有と、拒否や先延ばしなど、ファミリーのリーダーシップが無力化することをやめさせることです。また、この先の課題を見極め、そうした課題にファミリーが向き合えるようにする、変革のプロセスを管理する必要性を強調するなども彼らの役割です。

ファミリービジネスの用語を紹介するのも、効率的な対話を進めるために役立ちます（たとえば、「スチュワードシップ」）。そうすると、対話の途中で、その言葉を説明するために話が途切れてしまうことがなくなり、目の前の課題に集中できます。それによって、ファミリーが一緒になって問題を解決でき、目の前の課題や問題を具体化することができます。こうして、ファシリテーターは過去から学ぶことを促すだけでなく、まだ認識されていないチャンスを具体化することで、未来の創造を促します。それによって、ガバナンスやリーダーシップ、経営、財務、人間関係などに関する圧倒されるほどの課題を乗り越えることができるのです。ファシリテーターは今後の目的地を照らし出し、そこまでの道筋も照らし出すのです。

ファシリテーターはこのような教育的な手法も使って、ファミリー内のコミュニケーションを促進し、ファミリーの価値観や共通のビジョンを素早く確立するでしょう。

そしてわたしが強くすすめるのが、デンプシー家が事業に対する金銭的な期待と、非金銭的な期待を明確にすることです。この価値観とビジョンと期待が、事業の戦略計画の土台となります。戦略計画は、取締役会と、デンプシー・ボートの経営陣とが共同で作成することができるでしょう。

ファミリー会議に関連して言うと、ファミリー会議はファミリーのメンバー間のコミュニケーションを強化するだけでなく、そこで行われる会話によって、メンバーに事業の現実を教えることができます。特に、母のジェニーと娘のリアは、ファミリー会議を使って事業の主体的なオーナーとしての能力を伸ばすことができるでしょう。第三世代のメンバー（次期オーナー）にも、ファミリー会議への出席をすすめるべきです。

リアは、第三世代のメンバーや、彼らが事業の継続に関心を持つ可能性について考えていることから、ファミリー内のスチュワードシップを促進する人物として考えられるべきです。近いうちに、ファミリー・カウンシルの会長に就任させることも考えられるでしょう。

ファミリー・ガバナンスが整ったら、オーナーとしてのファミリーと、事業の取締役としてオーナーの利益を代表する人たちとのあいだで、コミュニケーションを持つ必要があります。事業のガバナーは、前述したオーナーによる事業への期待を理解するために、時間を使う必要があります。デンプシー・ボートの取締役会のメンバーには、同社を持続的な競争優位のポジションに戻すという目的に合う人だけでなく、オーナーのニーズに敏感な人も任命する必要があります。任命されたガバナーが、オーナーとしてのファミリーを尊重するマインドセットを持ち、オーナーの代わりに責任を果たすスキルを持っているのなら、ファミリーのメンバーは、必ずしも自分たちが取締役会に席を持つ必要はないと思うようになる場合が多いです。

この時点では、わたしはデンプシー・ボートの取締役に誰を任命すべきか、具体的に推薦することはできません。しかし、わたしが同社に強く推奨するのは、社外取締役を二、三人任命することです。独立した思考を持ち、説明責任を尊重する人を任命するのです。思考の独立性は不可欠です。それがあるからガバナーは、バイアスのかかっていない客観的な見方をすることができます。そうした見方は、彼らの教育や経験からも生じます。また、彼らが説明責任を尊重することで、事業のアップダウンが明らかにされます。

彼らはオーナーの声とその期待に耳を傾け、理解をし、それらの期待の実現に関して、説明責任を果たそうとします。戦略計画が定まれば、アーキテクチャーの開発を監督します。アーキテクチャーを用いて戦略を実現し、経営陣が業績について説明責任を果たします。さらに、社外取締役は一般的に取締役会の効果を高め、団結も促すことがわかっています。近いうちに、わたしはジェニーとファミリーに、定期取締役会の回数を増やすことを提言するつもりです。ファミリー会議が定期的に開かれるようになり、事業とファミリーの両方のガバナンスの調和が保たれるのであれば、取締役会の回数は元にもどしてもいいかもしれません。

起業家的活動

幸いなことに、ブルース・デンプシーは定評のある起業家で、イノベーションのための研究開発のプログラムに長年にわたって多くの資金を投資してきました。その結果、設計でいくつもの特許を取り、それらはレクリエーション市場で大きな人気を得てきました。イノベーションについては、最近、ティムが責任を持つようになりました。

取締役会は、ティムのその責任を支える必要があるでしょう。デンプシー・ボートは、伝統を大切にしながら、ブルースが常に行ってきたように、イノベーションと変革を実施するのです。デンプシー・ボートが競争力を取り戻すためには、リターンが得られるまで忍耐強く、長期的に待つ姿勢を保ちながら、研究開発にまとまった額を投資する必要があります。これには、事業のリーダーたちが勇気を持ち、コミットメントを示す必要があります。個人投資家のジョン・イーストレイクが今後数年で株式を売却する意向であることから、取締役会には難しい変化の時期が訪れるかもしれません。

わたしがファミリーに強く提案したいのは、ブルースの逝去という悲しい出来事を、起業家的な道筋を見失わないための触媒として活用することです。研究開発活動の結果を商業化し、新たな成長機会を積極的に追求することによって、イノベーションというブルースの遺産を維持するのです。この道筋に関わるリスクは、取締役会が注意深く監視する必要があります。同時に、ファミリーがリスクを許容し、こうした形での成長に必要な負債の水準を受け入れることも必要になります。

起業家精神がデンプシー・ファミリーの各世代に広がっていくように、わたしが提案したいことがあります。ファミリー・ガバナンスを主導する人たちが教育的な場を設け、そこで過去に築き上げてきた遺産を尊重するとともに、イノベーションと変革の精神を浸透させるのです。

スチュワードシップ

本書で何度も言ってきたように、スチュワードシップの概念はファミリー企業を真に特徴づけるものです。しかし、デンプシー・ファミリーから聞いたところによると、スチュワードシップについて話し合ったことはほとんどないようです。そのため、今日までスチュワード的な行動はほとんど見られませんでした。

これは、ファミリー・ガバナンスのプロセスを設けていないファミリーでは、珍しいことではありません。わたしのファミリーは、ファミリー・ガバナンスのプロセスで、長期志向や、次の世代やそのあとの世代について話し合ってきました。わたしたちはオープンな対話を通じて、自分たちの意向を明らかにしてきました。デンプシー・ファミリーも同様に、そうした対話を促すような構造とプロセスを設けるとよいでしょう。

先ほど、定期的にファミリー会議を開くことをすすめましたが、その会議を通じて、何世代にもわたるレガシーの構築が可能になるでしょう。これは長期にわたる社会的・経済的価値の創造の責任を受け入れるレガシーです。ファミリーは、このマインドセットによって、より幅広いステークホルダーへのリターンを創出する義務を受け入れられるようになります。

わたしが最初にオーストラリアに来たときのリアとの対話で、彼女は兄たちとの平等な扱いについて、直接的で自己中心的な考えを示す一方で、次の世代についての配慮も示しました。ここからわたしは彼女のなかに、スチュワードとして今後伸ばしていける素質を感じました。先ほど提案したように、彼女がファミリー・カウンシルの会長として励まされ、支えられ、熟練したファミリー企業のアドバイザーからの援助も受ければ、彼女はデンプシー・ボートの真の

CEO、つまり「最高感情責任者（Chief Emotional Officer）」として力を発揮するでしょう。

SAGEフレームワーク

わたしはデンプシー・ファミリーのリーダーではないので、いくつかの提案を通じて、スチュワード、アーキテクト、ガバナー、起業家の役割（SAGE）を演じようとしてきました。こうした提案は、わたしのファミリー企業のリーダーとしての日々の役割に浸透しているものです。わたしは、デンプシー・ボートが最も優れた手法を取り入れられるよう提案を行いましたが、それによって長期にわたるスチュワードシップが促進されることを願っています。

表 A1
デンプシー・ボート　損益計算書　（単位：1000ドル）

	2009	2008	2007	2006	2005
売上高	17,799	16,872	16,068	15,450	15,000
支出					
売上原価	13,260	12,586	12,002	11,541	11,220
研究開発費	570	540	514	479	450
販売費及び一般管理費	2,777	2,632	2,507	2,395	2,310
支払利息	142	135	145	154	135
計	16,749	15,893	15,168	14,569	14,115
税引前利益	1,050	979	900	881	885
税	415	387	356	357	367
当期純利益	635	592	544	524	518

出典：Moores, K., & Craig, J. B. (2015). The Dempsey family case. Family Business Casebook. J. Astrachan and T. Pieper (Ed.). Kennesaw State University Publishing.

（単位：1000ドル）

	2009	2008	2007
負債の部			
支払手形	569	528	607
買掛金	1,112	1,137	1,279
未払い債務	1,154	1,239	1,366
未払い税	176	200	179
1年内返済予定長期借入金	18	23	22
流動負債計	3,029	3,127	3,453
長期借入金	364	408	509
キャピタルリース債務	77	75	77
繰延税	134	138	125
繰延負債	207	180	150
固定負債計	782	801	861
負債合計	3,811	3,928	4,314
株主資本			
資本金	2,457	2,457	1,644
留保利益	1,579	1,153	776
株主資本合計	4,036	3,610	2,420

出典：Moores, K., & Craig, J. B. (2015). The Dempsey family case. Family Business Casebook. J. Astrachan and T. Pieper (Ed.). Kennesaw State University Publishing.

表 A2
デンプシー・ボート 貸借対照表

	2009	2008	2007
資産の部			
現金	142	143	136
売掛金	1,895	1,778	1,688
在庫	1,855	1,723	1,842
前払費用	346	328	312
流動資産計	4,238	3,972	3,978
土地	266	252	223
建物	1,608	1,608	1,396
機械及び設備	3,001	2,789	2,176
減価償却費	−2,121	−1,997	−1,732
その他の資産	855	914	693
固定資産計	3,609	3,566	2,756
資産合計	7,847	7,538	6,734

（単位：1000ドル）

	2009	2008	2007
投資活動によるキャッシュフロー			
有形固定資産の増減額	−369	−854	−290
その他の資産の増加額	59	−221	−49
投資活動によるキャッシュフロー	−310	−1,075	−339
財務活動によるキャッシュフロー			
支払手形の増減額	41	−80	−24
長期借入の増減額	−43	−101	23
キャピタルリースの増減額	2	−2	8
その他の負債の増減額	28	30	52
配当支払い額	−209	−215	−185
株式売却額	0	814	0
投資活動によるキャッシュフロー	−181	446	−126
現金増減額	−1	7	−9
現金及び現金同等物期首残高（1月1日）	43	36	45
現金及び現金同等物期末残高（12月31日）	42	43	36

出典：Moores, K., & Craig, J. B. (2015). The Dempsey family case. Family Business Casebook. J. Astrachan and T. Pieper (Ed.). Kennesaw State University Publishing.

表 A3
デンプシー・ボート　キャッシュフロー計算書

	2009	2008	2007
営業活動によるキャッシュフロー			
純利益	635	592	544
減価償却費	266	265	230
繰延税増減額	−4	14	−8
	897	871	766
増減額調整			
売掛金の増減額	−118	−89	−137
在庫の増減額	−133	119	−139
買掛金の増減額	−24	−143	30
未払い税の増減額	−24	20	13
その他の流動資産の増減額	−18	−16	8
その他の流動負債の増減額	−90	−126	−85
	−407	−235	−310
営業活動によるキャッシュフロー	490	636	456

第9章

- Craig, J. B., & Moores, K. (2002). How Australia's Dennis Family Corp. professionalized its family business. *Family Business Review, 15* (1), 59-70.
- Johannisson, B., & Huse, M. (2000). Recruiting outside board members in the small family business: An ideological challenge. *Entrepreneurship & Regional Development, 12* (4), 353-378.
- Lansberg, I. (2007). The tests of a prince. *Harvard Business Review*, *85* (9), 92-101.
- Ward, J. (2004). "How governing family businesses is different." In *Mastering Global Corporate Governance*, edited by U. Steger, P. Lorange, F. Neubauer, J. Ward, and B. George. England: John Wiley, pp. 135-167.

第10章

- Chandler, A. D. (1992). Organizational capabilities and the economic history of the industrial enterprise. *The Journal of Economic Perspectives, 6* (3), 79-100.
- Craig, J. B., Cassar, G., & Moores, K. (2006). A 10-year longitudinal investigation of strategy, systems, and environment on innovation in family firms. *Family Business Review, 19* (1), 1-10.
- Habbershon, T. G., & Williams, M. L. (1999). A resource-based framework for assessing the strategic advantages of family firms. *Family Business Review, 12* (1), 1-25.
- Lai, L. W., & Lorne, F. T. (2014). Transaction cost reduction and innovations for spontaneous cities: Promoting a "meeting" between Coase and Schumpeter.*Planning Theory, 13* (2), 170-188.
- Pavitt, K. (1998). Technologies, products and organization in the innovating firm: What Adam Smith tells us and Joseph Schumpeter doesn't. *Industrial and Corporate Change, 7* (3), 433-452.
- Shefsky, Lloyd. (2014). *Invent, reinvent, thrive*. McGraw-Hill Publishing.
- Zahra, S. A., Hayton, J. C., Neubaum, D. O., Dibrell, C., & Craig, J. (2008). Culture of family commitment and strategic flexibility: The moderating effect of stewardship. *Entrepreneurship Theory and Practice, 32* (6), 1035-1054.
- Zawislak, P. A., Cherubini Alves, A., Tello-Gamarra, J., Barbieux, D., & Reichert, F. M. (2012). Innovation capability: From technology development to transaction capability. *Journal of Technology Management & Innovation, 7* (2), 14-27.
- Zellweger, T. M., Nason, R. S., & Nordqvist, M. (2012). From longevity of firms to transgenerational entrepreneurship of families introducing family entrepreneurial orientation. *Family Business Review, 25* (2), 136-155.

第6章

・Adizes, I. (2004). *Managing corporate lifecycles*. The Adizes Institute Publishing.

・Lansberg, I. (1999). *Succeeding generations: Realizing the dream of families in business*. Harvard Business Press.

・Levinson, H. (1971). Conflicts that plague family businesses. *Harvard Business Review, 49* (2), 90-98.

・Moores, K., & Barrett, M. (2003). *Learning family business: Paradoxes and pathways*. (2002) Ashgate Publishing Limited. Reprinted (2010) Bond University Press.

・Sonnenfeld, J. A. (1991). *The hero's farewell: What happens when CEOs retire*. Oxford University Press.

・Sonnenfeld, J. A., & Spence, P. L. (1989). The parting patriarch of a family firm. *Family Business Review, 2* (4), 355-375.

第7章

・Ackoff, Russell. (1978). *The art of problem solving: Accompanied by Ackoff's fables*, John Wiley & Sons.

・ラッセル・L.エイコフ『問題解決のアート』(川瀬武志、辻新六訳、建帛社、1989)

・Greenleaf, R. K., & Spears, L. C. (2002). *Servant leadership: A journey into the nature of legitimate power and greatness*. Paulist Press.

・Handy, Charles. (1995). *The empty raincoat*. Random House.

・Moores, K., & Craig, J. B . (2006). From vision to variables: A scorecard to continue the professionalization of a family firm. In *Handbook of research on family business*, edited by P. Z. Poutziouris, K. X. Smyrnios, and S. B. Klein. Edward Elgar Publisher, in Association with IFERA — The International Family Enterprise Research Academy, pp. 201-202.

・Searle, T. P., & Barbuto, J. E. (2011). Servant leadership, hope, and organizational virtuousness: A framework exploring positive micro and macro behaviors and performance impact. *Journal of Leadership & Organizational Studies*, Baker College 2011, 18(1): 107-117.

・Spears, L. C. (1995). *Reflections on leadership: How Robert K. Greenleaf's theory of servant-leadership influenced today's top management thinkers* (No. 658.4092 R333r). Wiley.

第8章

・Bork, D., Jaffe, D., Lane, S., Deshew, L., & Heisler, Q. (1996). *Working with family business*. Jossey-Bass.

・Kets de Vries, M. F. R. (1985). The dark side of entrepreneurship. *Harvard Business Review* (November): 160-167, https://hbr.org/1985/11/the-darkside-of-entrepreneurship

・Kets de Vries, M. F. (1991). *Organizations on the couch: Clinical perspectives on organizational behavior and change*. Jossey-Bass.

・Lansberg, I. (1983). Managing human resources in family firms: The problem of institutional overlap. *Organizational Dynamics, 12* (1), 39-46.

・Sorenson, R. L. (1999). Conflict management strategies used by successful family businesses. *Family Business Review, 12* (4), 325-339.

第3章

- Breton-Miller, L., & Miller, D. (2006). Why do some family businesses outcompete? Governance, long-term orientations, and sustainable capability. *Entrepreneurship Theory and Practice, 30* (6), 731-746.
- Carlock, R., & Ward, J. (2001). *Strategic planning for the family business: Parallel planning to unify the family and business*. Springer.
- Fraser, J. (2016) . *The handbook of board governance: A comprehensive guide for public, private, and not-for-profit board members.* R. Leblanc (Ed.). John Wiley & Sons.
- Garratt, B. (2010). *The fish rots from the head: The crisis in our boardrooms: developing the crucial skills of the competent director*. Profile Books.
- Neubauer, F., & Lank, A. G. (2016). *The family business: Its governance for sustainability*. Springer.
- Pendergast, J. M., Ward, J. L., & De Pontet, S. B. (2011). *Building a successful family business board: A guide for leaders, directors, and families*. Palgrave Macmillan.
- Steier, L. (2001). Family firms, plural forms of governance, and the evolving role of trust. *Family Business Review, 14* (4), 353-368.

第4章

- Johnson, B. (1993). Polarity management. *Executive Development, 6*, 28-28.
- Johnson, B. (2014). Reflections: A perspective on paradox and its application to modern management. *The Journal of Applied Behavioral Science, 50* (2), 206-212.
- Lumpkin, G. T., & Brigham, K. H. (2011). Long-term orientation and intertemporal choice in family firms. *Entrepreneurship Theory and Practice, 35* (6), 1149-1169.
- Lumpkin, G. T., Brigham, K., & Moss, T. (2010). Performance of Family Businesses. *Entrepreneurship and Regional Development*, 22 (3), 241-264.DOI: 10.1080/08985621003726218
- Miller, D. (1992). The Icarus paradox: How exceptional companies bring about their own downfall. *Business Horizons, 35* (1), 24-35.
- Schuman, A., Stutz, S., & Ward, J. (2010). *Family business as paradox*. Springer.

第5章

- Davis, J. H., Schoorman, F. D., & Donaldson, L. (1997). Toward a stewardship theory of management. *Academy of Management Review, 22* (1), 20-47.
- Miller, D., & Le Breton-Miller, I. (2005). Management insights from great and struggling family businesses. *Long Range Planning, 38* (6), 517-530.
- Muth, M., & Donaldson, L. (1998). Stewardship theory and board structure: A contingency approach. *Corporate Governance: An International Review, 6* (1), 5-28. DOI: 10.1111/1467-8683.00076
- Neubaum, D. O., Dibrell, C., Thomas, C., & Craig, J. B. (2017). Stewardship climate: Scale development and validation. *Family Business Review*, 30 (1), 37-60. DOI: 10.1177/0894486516673701

参考文献

第1章

- Gosling, J., & Mintzberg, H. (2003). The five minds of a manager. *Harvard Business Review*, 81 (11), 54-63.
- Handy, C. (1995). *The age of paradox*. Harvard Business Press.
- チャールズ・ハンディ『パラドックスの時代』(小林薫訳、ジャパンタイムズ、1995年)
- Handy, C. (2011). *The empty raincoat: Making sense of the future*. Random House.
- Moores, K., & Barrett, M. (2003). *Learning family business: Paradoxes and pathways*. (2002) Ashgate Publishing Limited. Reprinted (2010) Bond University Press.
- Peltier, J. W., Hay, A., & Drago, W. (2005). The reflective learning continuum: Reflecting on reflection. *Journal of Marketing Education, 27* (3), 250-263.
- Schuman, A., Stutz, S., & Ward, J. (2010). *Family business as paradox*. Springer.

第2章

- Chandler, A. D. (1990). *Strategy and structure: Chapters in the history of the industrial enterprise* (Vol. 120). MIT Press.
- アルフレッド D.チャンドラー,Jr.『組織は戦略に従う』(有賀裕子訳、ダイヤモンド社、2004年)
- Craig, J. B., & Moores, K. (2010). Strategically aligning family and business systems using the Balanced Scorecard. *Journal of Family Business Strategy, 1* (2), 78-87.
- Kaplan, R. S., & Norton, D. P. (2001). The strategy-focused organization. *Strategy and Leadership, 29* (3), 41-42.
- Kaplan, R. S., & Norton, D. P. (2004). *Strategy maps: Converting intangible assets into tangible outcomes*. Harvard Business Press.
- ロバート・S・キャプラン、デビッド・P・ノートン『戦略マップ[復刻版]』(櫻井通晴、伊藤和憲、長谷川惠一訳、東洋経済新報社、2014年)
- Miller, D. (1987). Strategy making and structure: Analysis and implications for performance. *Academy of Management Journal, 30* (1), 7-32.
- Miller, D. (1993). The architecture of simplicity. *Academy of Management Review, 18* (1), 116-138.
- Miller, D., & Le Breton-Miller, I. (2005). *Managing for the long run: Lessons in competitive advantage from great family businesses*. Harvard Business Press.
- ダニー・ミラー、イザベル・ル・ブレトン＝ミラー『同族経営はなぜ強いのか?』(斉藤裕一訳、ランダムハウス講談社、2005年)

著者

ジャスティン・B・クレイグ
Justin B. Craig, Ph.D

米国ノースウェスタン大学ケロッグ経営大学院の
「ファミリー企業センター」の前センター長。
同校ではファミリー・ビジネス担当教授。
また、彼の出身校であるオーストラリアのボンド大学の
起業家担当教授として活動しているかたわら、
日本を含む数カ国のファミリービジネス・オーナーへの
直接のアドバイスも行っている。

ケン・ムーア
Ken Moores, Ph.D

ボンド大学(オーストラリア)ファミリービジネスセンター創設センター長。
同大学名誉教授。

解説者

星野佳路
Yoshiharu Hoshino

星野リゾート代表取締役社長。
長野県軽井沢町で創業した温泉旅館の4代目の経営者。
慶應義塾大学経済学部卒業。米国コーネル大学ホテル経営大学院
修士課程修了。1991年に家業を継ぐ。

訳者

東方雅美
Masami Toho

翻訳者、ライター。
慶應義塾大学法学部卒業。
米バブソン大学経営大学院修士課程修了(MBA)。
日経BPやグロービスなどでの勤務を経て独立。

ビジネススクールで教えている
ファミリービジネス経営論

Leading Family Business　Best Practices for Long-Term Stewardship

２０１９年６月15日　第１刷発行

著者　ジャスティン・B・クレイグ、ケン・ムーア

訳者　東方雅美

発行者　長坂嘉昭

発行所　株式会社プレジデント社
〒１０２-８６４１
東京都千代田区平河町２-16-１
電話　編集（03）３２３７-３７３２
　　　販売（03）３２３７-３７３１

装丁　新井大輔
装画　山浦のどか
編集　中嶋　愛
制作　関　結香
販売　桂木栄一　高橋　徹　川井田美景
　　　森田　巌　末吉秀樹
印刷・製本　凸版印刷株式会社

ISBN978-4-8334-2325-0　Printed in Japann